Entdeck mit mir die Welt!

Mit Eltern-Handouts zum Weiterspielen zu Hause

Ganzheitliche Musik- und Wahrnehmungsspiele für Krippe und Krabbelgruppe

Miriam Kaykusuz

Impressum

Titel
Entdeck mit mir die Welt! – Ganzheitliche Musik- und Wahrnehmungsspiele
für Krippe und Krabbelgruppe
Mit Eltern-Handouts zum Weiterspielen zu Hause

Autorin
Miriam Kaykusuz

Umschlagfoto und Fotos im Innenteil
Miriam Kaykusuz

Bildelemente auf Umschlag und im Innenteil
Fotolia.com: *Spiralen-Muster* © DevenBlackwood, *Rahmen* © anantaradhika,
Klebestreifen © pico

Illustrationen auf den Kopiervorlagen
soweit nicht anders angegeben: Christian Bender

Druck
Media Print Informationstechnologie GmbH, Paderborn, DE

Verlag an der Ruhr
Mülheim an der Ruhr
www.verlagruhr.de

Geeignet für Kinder von 0–3 Jahren

© **Verlag an der Ruhr 2018**
ISBN 978-3-8346-3827-4

Inhaltsverzeichnis

Vier Bereiche entdecken — Was das Buch alles bietet

Das Buch **unterteilt sich in vier Kapitel mit je fünf Spielthemen**. Diese orientieren sich eng an den Bedürfnissen und Vorlieben von Säuglingen und Kleinkindern bis zum 3. Lebensjahr. Zu jedem Thema finden sich auf einer speziellen **Elternseite** am Ende des Angebots vielfältige Spielanregungen für zu Hause. Aus der Sicht eines Kindes formuliert, wird eine intensive Nähe zwischen Elternteil und Kind unterstützt und es werden neue Spielanregungen für den gemeinsamen Alltag gegeben (mehr dazu siehe unten).

Im **ersten Kapitel** werden der Leserin* **fünf Musikinstrumente** vorgestellt, die sich für den klanglichen Einsatz mit den Kleinen besonders eignen. Lieder nach bekannten Melodien und Reime bieten kreative Anregungen für den Gebrauch unterschiedlicher Instrumente und motivieren zugleich, auch andere, dem Kind vertraute Lieder und Reime instrumental zu begleiten.
Es finden sich auch Gestaltungsideen, wie die Instrumente kostengünstig und schnell selbst nachgebaut werden können, aus Pappe, Bambusrohren oder Plastikflaschen. So können in gemeinsamen Elternaktionen Instrumente für zu Hause hergestellt werden. Es findet ein intensiver Kontakt zwischen den Pädagoginnen und den Eltern statt, die Kleinen dürfen den Eltern bei einigen Handgriffen tatkräftig zur Seite stehen und die Elternseite am Ende des Angebots kann mit dem eigenen Instrument noch liebevoller umgesetzt werden. Auch für Tagesmütter bietet dieses Kapitel die Möglichkeit, kostengünstig zu einem wahren Instrumentenschatz zu gelangen.

Materialspiele finden sich im **zweiten Kapitel** und zeigen eine kleine Auswahl interessanter Gegenstände, die eine hohe Spielaufforderung für das Kind darstellen. Lustige Spielereien mit der Fliegenklatsche erleben, Körner in einem Sandsäckchen spüren, mit Steinen klappern und ähnliche Ideen geben dem Kind eine intensive Rückmeldung über die Beschaffenheit verschiedener Materialien und das eigene Können und lassen zudem ein gemeinsames Spiel mit anderen Kindern und Erwachsenen entstehen.
Eingebettet in ruhige Entspannungsspiele, flotte Bewegungseinheiten oder spaßige Spiellieder, kommt jedes Material auf seine eigene Weise kreativ und motivierend zum Einsatz.

Das **dritte Kapitel** stellt **Spiellieder** vor, die in mehreren Umsetzungsmöglichkeiten erste Themeninhalte vermitteln.
Zu Beginn finden Sie ein einfaches Begrüßungslied, das einen hohen Wiedererkennungswert für die Kleinen hat, jedoch durch die Hinzunahme unterschiedlicher Materialien und den Einsatz von Körpergesten über einen langen Zeitraum hinweg interessant bleibt. Drei altbekannte Lieder werden auf stimmungsvolle Weise umgesetzt und themenspezifische Spielangebote vertiefen den Liedinhalt zusätzlich. Zuletzt wird aufgezeigt, wie mit kleinsten einfachen Liedversen der gesamte Tag des Kindes singend und dadurch liebevoll begleitet werden kann. So findet sich ein Aufstehlied, welches die Mutter zu Tagesbeginn ihrem Kind vorsingen kann, oder ein Händewaschen-Lied, das Sie Ihrer Gruppe nach dem gemeinsamen Frühstück vorsingen können.

Das **vierte Kapitel** beinhaltet **eine Vielzahl kleiner Krabbelverse**, die sich an Themen des kindlichen Umfeldes orientieren, beispielsweise dem Wetter oder der Tierwelt. Schwerpunkt liegt hier auf einer intensiven Wahrnehmung einzelner Körperteile und am Ende des gesamten Körpers.
Das komplexe Erlernen verschiedener Bewegungsabläufe, wie Köpfchen heben, drehen, robben, krabbeln, stehen und gehen, setzt ein gutes Gespür für den eigenen Körper voraus. Ein stimmiges Körperbild und ein detailliertes „Hinspüren" stärken die Kenntnisse über die eigene Persönlichkeit und Fähigkeiten des Körpers.

- -

* Aus Gründen der besseren Lesbarkeit haben wir durchgehend die weibliche Form gewählt. Gemeint sind damit natürlich immer auch männliche Leser, Erzieher, Pädagogen, Tagesväter etc.

Meine kleine Welt entdecken – Eine Seite für die Eltern

Jedes Kapitel unterteilt sich in verschiedene Themenangebote, die stets mit einer **Elternseite** enden: *Meine kleine Welt entdecken.*

Während die Spiele und Reime sich in ihrem Aufbau an Kindergruppen richten, finden hier Väter und Mütter ganz körpernahe, kurzweilige **Anregungen für zu Hause.** Die Seite, die zum Kopieren und Austeilen gedacht ist, vermittelt den Eltern, formuliert aus der Sicht eines Kleinkindes, wie mit unterschiedlichen Materialien, Instrumenten oder Liedern ein Miteinander vielfältig möglich ist.

Wählen Sie für Ihre Kindergruppe ein Themenangebot aus, beispielsweise *„Auf Bauch und Rücken ist was los"*, welches Sie eine ganze Woche immer wieder begleiten kann. Kopieren Sie den Eltern zeitnah die dazugehörige Elternseite, sodass **in derselben Woche** auch zu Hause gezielt Angebote zu diesem Material bzw. Körperteil angeboten werden können.

Diese Kombination macht ein ganzheitliches Erleben möglich und stärkt die Bindungsebene zwischen Eltern und Kind, fördert das Sprachverständnis, sowie den visuellen, auditiven und motorischen Bereich.

Krabbelverse und Spiele geben Impulse für ein körpernahes Spiel und die Liedangebote sollen Mut zum Singen geben und die eigene Spielfreude wiederentdecken lassen.

Wenn für die Angebote auf der Elternseite Material erforderlich ist, so ist dies so gewählt, dass es kostengünstig und leicht erwerbbar ist (beispielsweise Luftballon und Wuschelball im Spielgeschäft, Igelball in der Apotheke) oder vielleicht sowieso bereits vorhanden. Auch der Instrumentenbau ist eine sinnvolle Alternative, um keine Vielzahl an Instrumenten kaufen zu müssen.

Die Zielgruppen

Dieses Buch richtet sich in erster Linie an **Kinderkrippen** oder an Kindertagesstätten mit U3-Kindern, ist aber genauso gut geeignet für ...

... Krabbel- und andere Spielgruppen

Durch Erfahrungen mit meinen eigenen Kindern weiß ich, wie wichtig es für sie ist, mit anderen Kindern in Kontakt zu treten. Auch wenn eher das eigene Erkunden und Haben-Wollen von Interesse ist, finden doch erstaunlich viel Beobachtung und kleine Kontaktaufnahmen statt.

Das gemeinschaftliche Singen im Kreis, wiederkehrende Fingerspiele zum Einstieg und das freie Spielen begeistern die Kleinen immer wieder aufs Neue. Auch der Austausch der Eltern untereinander tut gut, während die Kinder sich zeitweise vergnügt allein beschäftigen.

Die Spielerläuterungen richten sich an Sie als Gruppenleitung und sind meist hervorragend dazu geeignet, auch von allen Eltern gleichzeitig am eigenen Kind durchgeführt zu werden. Häufig sind Eltern in Krabbelgruppen besonders interessiert an Anregungen für zu Hause und freuen sich über die Kopien der Elternseite.

... Frühförderpädagoginnen

Pädagoginnen von Frühförderstellen betreuen Kinder ab dem Säuglingsalter bis etwa zum Eintritt in den Kindergarten, spätestens bis zur Einschulung (je nach Bundesland). Die Kinder haben Entwicklungsschwierigkeiten oder sind von Behinderung bedroht und werden durch eine gezielte fachliche Betreuung je nach Diagnose in ihrer Selbstständigkeit, ihrer Sinneswahrnehmung und dem emotionalen und sozialen Miteinander gefördert. Die Eltern erfahren Unterstützung im Umgang mit ihrem Kind und werden in der Akzeptanz der Behinderung gestärkt.

Das Buch bietet Frühförderpädagoginnen neue vielfältige Ideen für das Spiel mit dem beeinträchtigten Kind, mit denen sie auch die Eltern praktisch anleiten können. Auf der Elternseite können die Eltern hier gezielt nach den nötigen Förderschwerpunkten suchen für die Beschäftigung mit ihrem Kind.

... Kindertagespflege

Neben der Kinderkrippe findet die Betreuung von 0- bis 3-Jährigen häufig bei Tagesmüttern in häuslicher Umgebung und familiärer Atmosphäre statt. Zunehmend arbeiten auch zwei oder mehr Tagesmütter in einem Kindertagespflegenest zusammen. Meist treffen sich hier mehrere Kleinkinder über mehrere Stunden zum gemeinsamen Spiel.

Hier bietet neben den Spielangeboten für Kindergruppen vor allem die Elternseite *Meine kleine Welt entdecken* viele kreative Anreize für das spielerische Miteinander der Kleinen mit ihrer Betreuungskraft.

Erste Klangspiele

Krabbelorchester

Klangerlebnis: Der Instrumentenkorb

Material	
	◎ stabile Kiste oder Flechtkorb
	◎ 1 Kleininstrument für jedes Kind:
	Rasselarten, wie Rassel-Ei, Ziegenhufrassel, rasselnde Babygreiflinge, Rasselflaschen, -dosen, Klanghölzer, Klappertiere aus Holz, Fingerzimbeln u. Ä., Schellenbänder mit Klettverschluss
	◎ 1 Rollbrett mit Seil

So geht's

Stellen Sie den Instrumentenkorb auf ein Rollbrett und befestigen Sie, falls möglich, ein Seil an der Vorderseite. Gehen Sie nun im Kreis umher, halten Sie stets bei jedem Kind, sodass es sich ein Instrument nehmen kann. Ihre Kollegin unterstützt bei Bedarf jedes Kind beim Hineingreifen, Auswählen und eventuell dem Festhalten des Instruments. Für die ganz Kleinen sollten Sie Babyrasseln aus Stoff, Holz oder Plastik bereithalten. Diese können gut gegriffen werden und erzeugen auch bei noch ungezieltem Schütteln schöne Rasselgeräusche.

Sie und Ihre Kollegin wählen sich nach Möglichkeit ebenfalls ein Instrument: Gut geeignet sind Schellenbänder mit Klettverschluss, die Sie beide an Ihre Handgelenke ziehen. So können Sie rhythmisch mitklatschen oder die Kinder beim Hantieren mit deren Instrument unterstützen und zusätzlich eigene Geräusche erzeugen.

Nach und nach erklingt ein munteres, rhythmisches Rasseln. Jedes bekannte Lied der Kindergruppe kann nun angeschlossen werden.

Der Singkreis fängt jetzt an: Einstieg für den Singkreis

Material	
	◎ Plüschtiere: Schnecke, Pferd, Maus, Elefant
	◎ Instrumentenkorb
	◎ Tuch oder Stofftasche

Lied S. 10

Vorbereitung

Während die Kinder noch im Freispiel verweilen, legen Sie im Bereich des Singkreises den Instrumentenkorb bereit. Die Plüschtiere befinden sich eingewickelt im Tuch oder in der Stofftasche. Summen Sie währenddessen die Melodie des bekannten Kinderliedes (s. S. 10). Beginnt ein gemeinsamer Singkreis stets mit dieser gleichen Vorbereitung, ist die Aufmerksamkeit und Vorfreude der Kinder schnell geweckt.

So geht's

Sitzen alle Kinder im Kreis, darf sich jedes ein Instrument wählen. Es sollten einige Instrumente mehr, als Kinder anwesend sind, im Korb liegen, sodass auch der Letzte eine Auswahlmöglichkeit hat. Anschließend werden die Tiere nacheinander zur passenden Strophe aus dem Säckchen genommen und in der Mitte bereitgelegt. So haben die Kinder, passend zu ihrem Instrumentalspiel, eine optische Assoziation zu den Themen langsam, schnell und laut, leise.

Nach dem Lied können sich Kreisspiele der Gruppe anschließen.

Variante:

Anstelle der Instrumente lassen Sie die Tiere je Strophe im Kreis und auf den Kinderkörpern umherwandern. Ist das Spiel bekannt, können ältere Krippenkinder das jeweilige Tier selbst an den Nachbarn weitergeben.

Auch ein Tierrollenspiel in der Kreismitte ist möglich.

Singkreislied

Kommt he – ran, der Sing-kreis fängt nun an. In – stru-men – te

kom – men dran und je – der zeigt, was er schon kann.

Kommt mal schnell he – ran, der Sing-kreis fängt nun an.

2. **Langsam** dann, wir fangen schleichend an.
Das Schneckenspiel ist jetzt mal dran
und langsam spielt ein jedermann.
Langsam geht's voran,
die Schnecken sind nun dran.

3. **Schneller** dann, wir fangen jetzt flott an.
Das Pferdespiel ist jetzt mal dran
und zum Galopp spielt jedermann.
Schneller geht's voran,
die Pferde sind nun dran.

4. **Leise** dann, wir fangen flüsternd an.
Das Mäusespiel ist jetzt mal dran,
zum Tippeln spielt ein jedermann.
Leise geht's voran,
die Mäuse sind nun dran.

5. **Lauter** dann, wir fangen lärmend an.
Das Elefantenspiel ist dran und
laut sein kann ein jedermann.
Lauter geht's voran,
der Elefant ist dran.

6. **Fröhlich** dann, zeigt jeder, was er kann.
Der letzte Vers für jedermann,
ein neues Spiel beginnen kann.
Fröhlich geht's voran,
jeder zeigt, was er kann.

Melodie: „Hopp, hopp, hopp, Pferdchen lauf Galopp"
Text: Miriam Kaykusuz

Meine kleine Welt entdecken

... mit Kleininstrumenten

 Soziale Förderung

- Lasse unterschiedliche Instrumente erklingen und singe dazu, ich höre und schaue dir gerne zu.
- Gib mir auch ein Instrument, das ich mit Händen, Mund und Augen kennenlernen kann.
- Nimm du dir ein Instrument und gib mir den passenden Partner – gemeinsam musizieren macht Spaß (z. B. mit Klanghölzern, Rassel-Eiern, Triangel und Metallstab oder zwei Fingerzimbeln).

 **Sprachliche Förderung**

- Jedes Lied kann mit Instrumenten begleitet werden – am besten gefallen mir Lieder über meinen Körper, Tiere oder ein Singsang über das, was ich gerade tue (z. B. mit einem kleinen Ball rollen, umherkrabbeln, Brei löffeln).
- Sprich mir einen kleinen Reim vor und begleite ihn mit Rassel-Eiern – ein toller Sprech- und Spielrhythmus entsteht.
- Lasse mich alle Instrumente kennenlernen: Zeige sie mir, spiele damit und benenne sie.
- Sage mir mit einfachen Worten, was du tust – das interessiert mich:
  - *Hör mal, kleiner Schatz, die Klanghölzer spielen nun ganz langsam.*
  - *Was haben wir denn hier? Ach, zwei Zimbeln. Sie stoßen aneinander. Bing!*
  - *Die Hand schlägt auf die Trommel, bumm bumm bumm, die Hand schlägt auf die Trommel, dideldumm.*

 Motorische und taktile Förderung

- Rolle ein Klangholz zart über meinen Körper und tippe mich sacht mit der Stabspitze an – ich kann es gut in den Fäusten halten.
- Gib mir Rassel-Eier, damit ich sie schütteln kann, und rolle sie auf mir entlang.
- Lasse mit mir gemeinsam zwei Fingerzimbeln oder einen Regenmacher erklingen – diese Instrumente vibrieren so schön in meinen Fingern und an den Händen.
- Lege das Tamburin auf meine Beine und klopfe es mit einem Schlägel oder den Händen an – das fühlt sich schön an.

 Visuelle Förderung

- Zeige mir ein Instrument und verstecke es dann unter einem Tuch – ich will es wiederfinden oder mich freuen, wenn du es wieder hervorholst.
- Spiele die Instrumente in meinem Blickfeld – auch deinen Mund betrachte ich gern beim Singen.
- Halte dein Instrument in meinem Blickfeld fest – ich fixiere es mit meinen Augen und will versuchen, den Klangpartner dagegenzuklopfen.

 Auditive Förderung

- Du kannst langsam, schnell, leise, laut singen – kann mein Instrument denn auch so klingen?
- Ob ich die Instrumente auch finde, wenn sie hinter deinem Rücken erklingen?

© Verlag an der Ruhr | Miriam Kaykusuz | ISBN 978-3-8346-3827-4 | www.verlagruhr.de
Fotolia.com: Icon *Mund, Hand, Auge, Ohr* © Jimena; Icon *Sozial* © Puckung

Entdeck mit mir die Welt!

Tamburin, Trommel & Co.

Die große Djembe: Reimspiel „Ein Elefant in Afrika"

Material	
☉	1 große Djembe/Trommel
☉	1 großes Tuch

Vorbereitung

Stellen Sie eine große Djembe, verdeckt unter einem großen Tuch, in der Kreismitte bereit.

So geht's

Zu Beginn dürfen die Kinder das Tuch von der Trommel abziehen. Als Erstes darf die Kindergruppe nun allein das Instrument erkunden. Sie oder Ihre Kollegin können zusätzliche Impulse geben (Finger tippeln, Knöchel klopfen, flache Hand schlägt).

Nun beginnt das eigentlich Reimspiel: Einige oder alle Kinder dürfen weiterhin um die große Trommel herumstehen. Sprechen Sie den auf der Folgeseite stehenden Reim und begleiten Sie ihn auf dem Instrument, wie angegeben. Auch die Kinder dürfen sanft mitklopfen. Ihre Kollegin sitzt bei den Allerkleinsten mit dabei und vollführt die Bewegungen sacht auf deren Körper mit.
Für die Wiederholung des Reims bei anderer Gelegenheit kann ein Plüschelefant zum Einsatz kommen, der auf der Trommel mithüpft.

Hinweis

Die fett gedruckte Silbe innerhalb des Elefantennamens „Ma-**ta**-wi" zeigt Ihnen die Betonung des Wortes bei der mittleren Silbe an. Bei falscher Betonung wird der Reim holprig.

Reimtext „Ein Elefant in Afrika"

Re-gen-wet-ter, tropf, tropf, tropf. .... *mit dem Finger sanft zu jeder Silbe klopfen*
Ma-**ta**-wi re-gnet's auf den Kopf.
Immer schneller, kleine Tropfen .... *mit den Fingern immer schneller werden*
wollen auf die Erde klopfen.

Der Wind pustet schnell hin und her, ... *den Kindern über die Köpfe pusten*
das mag Ma**ta**wi nicht so sehr.
Seine Ohren flattern laut, ... *mit den Handflächen auf die Trommel „patschen"*
sodass ein jeder zu ihm schaut.

Ei, die Sonne zeigt sich nun, ... *mit den Händen flach über das Fell streichen*
Ma**ta**wi kann sich mal ausruhn.
Liegt so gern im Sonnenschein
und wedelt mit dem Rüssel fein. .... *mit den Fingern einer Hand über die Trommel „wedeln",*
                           sodass die Fingerspitzen das Fell leicht berühren
Streicht die Ohren durch den Sand, ... *mit der Hand über die Trommel streichen*
es ist so schön als Elefant.
Leise, leise, nichts zu hören,
Ma**ta**wi kann nun nichts mehr stören.

Trommellied „Tamburine sind heute hier"

> **Material**
> ◎ mehrere Tamburine
> ◎ Trommelschlägel (alternativ der „Trommelring", siehe Anleitung auf der nächsten Seite)

So geht's

Verteilen Sie im Sitzkreis Tamburine. Diese können nahe bei den Kindern flach am Boden oder auf den Beinen aufliegen bzw. nach Möglichkeit gehalten werden.

Singen Sie langsam und begleiten Sie mit den Händen auf dem Trommelfell. Die Kinder ahmen den Rhythmus nach ihren Fähigkeiten nach oder trommeln begeistert nach eigener Vorstellung. Verteilen Sie für eine Liedwiederholung Schlägel an die Kinder.

Hinweis

Um das Tamburin vor zu kräftigen Schlägen zu schützen, können Sie ein Stück Filz um den Kopf des Schlägels legen und mit einer Schnur befestigen. Der Trommelring (S. 15) stellt eine Alternative für Schlägel dar, die etwas einfacher in der Handhabung ist.

Liedtext „Tamburine sind heute hier"

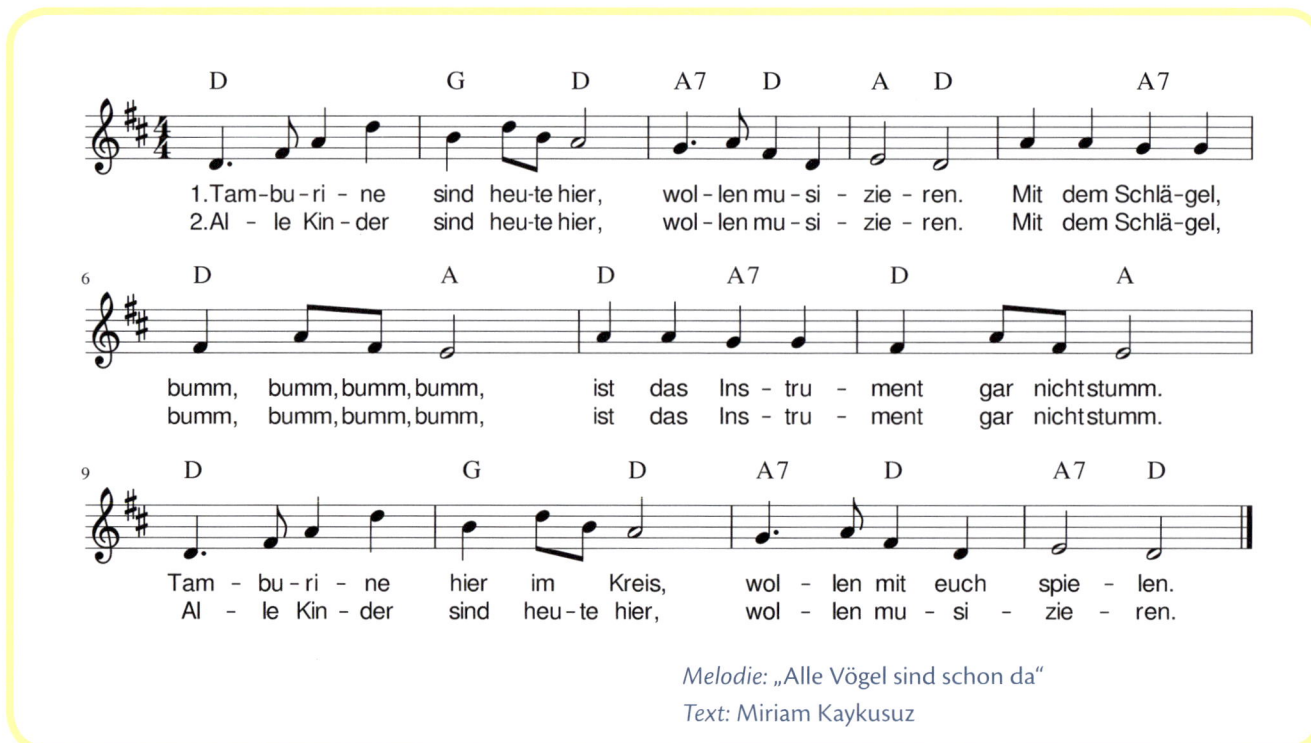

Melodie: „Alle Vögel sind schon da"
Text: Miriam Kaykusuz

Der Trommelring

So geht's

Stecken Sie die Kugeln auf den Draht und drehen Sie den Verschluss zu.

Die Kinder halten den Drahtring an der freien Stelle fest und klackern mit den Kugeln auf das Tamburin. Filzkugeln erzeugen sanfte, stille Klänge und Holzkugeln etwas kraftvollere, stärkere Klänge.

Sollten die Kleinen Schwierigkeiten haben, den dünnen Draht in der Faust zu halten, kann der gesamte Draht mit Kugeln bestückt werden und dient dann als Greifling, der zudem mit dem Mund erkundet werden kann. Achten Sie hierbei aber unbedingt auf unbedenkliche Materialien und greifen Sie im Zweifelsfall zu vorhandenen Greiflingen.

Jedes Kind erhält seinen Trommelring und darf ihn nach Herzenslust einsetzen und erkunden. Die Kugeln werden mit den Fingern gedreht, geschoben und geschüttelt, in den Mund gesteckt und mit der Zunge abgeleckt. Dies ist eine beliebte Trommelhilfe!

Hinweis

Lenkt das Umherkullern der Kugeln auf dem Drahtring die Kleinen zu sehr ab, ist auch ein Fixieren an den beiden äußeren Endpunkten durch etwas Heißkleber möglich. Die Kugeln können sich dann trotzdem noch drehen, verweilen aber in einem bestimmten Bereich des Drahtringes.

Meine kleine Welt entdecken

... mit Trommeln

 ## Soziale Förderung

- ⦿ Halte die Trommel für mich fest, damit ich mit meiner Hand oder dem Schlägel auf das Fell klopfen kann.
- ⦿ Du zeigst mir dein Trommelspiel – und dann bin ich dran.

 ## Sprachliche Förderung

- ⦿ Stelle mit Händen und Fingern auf dem Trommelfell Tiere oder das Wetter dar (Maus, Elefant und Schlange oder Sonnenstrahlen, Regentropfen und Donner).
- ⦿ Achte darauf, ob mir lautes Trommeln Angst macht – nimm Rücksicht auf mich und gewöhne mich langsam an mehr Lautstärke.
- ⦿ Stelle auf dem Trommelfell Wetter oder Tiere dar und erzähle oder reime mir noch etwas dazu, kleine Quatschverse, wie:
  - *„Ein Elefant ist dick und schwer und stampft viel lauter als ein Bär."*
  - *„Das kleine Mäuschen trippelt leise, wohin geht wohl seine Reise?"*

 ## Motorische und taktile Förderung

- ⦿ Nimm meine Hände und reibe sie über die Trommel – ich fühle, dass sie zart, kühl und rund ist.
- ⦿ Lege die Trommel sacht an mich, wenn du darauf spielst – ich spüre die Schwingungen an meiner Haut.
- ⦿ Gib mir Zeit, einen Schlägel zu greifen und dann auf die Trommel zu klopfen.
- ⦿ Fällt mir das Aufklopfen des Schlägels schwer, dann schwinge du die Trommel an den Schlägel heran – zusammen schaffen wir das Musizieren.

 ## Visuelle Förderung

- ⦿ Wenn du eine Trommel hast, die auf einer Seite offen ist, dann lege eine Kugel hinein (Tischtennisball, Murmel oder Kastanie) – hebe das Instrument etwas hoch und lasse die Kugel kreisen und hüpfen.
- ⦿ Hat unsere Trommel an ihrem Rahmen ein Loch, dann stecke ein Tuch hindurch und lasse sie hin und her schwingen – ich beobachte gerne dieses Pendel und versuche vielleicht sogar, daran zu klopfen.

 ## Auditive Förderung

- ⦿ Spiele das Instrument doch auch mal hinter meinem oder deinem Rücken, dann werde ich neugierig – du förderst mein Richtungshören und auch meine Motorik, wenn ich dorthin gelangen möchte.
- ⦿ Ich mag den Wechsel zwischen schnell und langsam, laut und leise – wenn du ein Lied beim Trommeln singst, sei nicht zu schnell, ich höre dir gerne zu.
- ⦿ Leise Töne lassen mich nach dem Spielen zur Ruhe kommen – streiche zart mit der flachen Hand über das Fell, wenn ich gemütlich am Boden liege oder sitze.

© Verlag an der Ruhr | Miriam Kaykusuz | ISBN 978-3-8346-3827-4 | www.verlagruhr.de
Illustration © Christian Bender; Fotolia.com: Icon *Mund, Hand, Auge, Ohr* © Jimena; Icon *Sozial* © Puckung

Fröhliche Rasselbande

Rassellied „Frühmorgens auf dem Bauernhof"

> **Material**
> ☺ Rasseln (siehe nächstes Angebot zum Selbermachen), gefüllt mit lautem und leisem Material (z. B. Sand und Erbsen)
> ☺ zusätzlich Babyrasseln und klappernde Greiflinge

Lied S. 18

Vorbereitung

Wählen Sie unterschiedliche Rasseln aus Ihrem Fundus aus oder stellen Sie eigene Rasseln her. Unterschiedliche Anleitungen finden Sie auf Seite 19. Die Krippenkinder können bei einigen Arbeitsschritten intensiv mit eingebunden werden.

Legen Sie alle Rasseln gut sichtbar in die Kreismitte und lassen Sie die Kleinen ausprobieren, neu wählen und die Instrumente auch mit Händen, Fuß und Mund untersuchen.

Sie selbst nehmen sich eine laute und eine leise Rassel zur Hand, die Sie während des Liedes einsetzen werden.

So geht's

Während der Anfangszeilen jeder Strophe spielen Sie stets die leise Rassel, denn diese stellt das kleine Tierkind dar. Zur akustischen Verdeutlichung singen Sie etwas leiser und behutsamer.

In der dritten Zeile ruht die kleine Rassel, während nur die laute Rassel spielt: Das lautere Muttertier erwacht. Dementsprechend singen Sie etwas lauter und kraftvoller.

Bei der letzten Zeile („*Sie rufen nach dem Bauernpaar ...*") setzen beide Rasseln gemeinsam ein.

Die Kinder dürfen währenddessen mit ihren Rasseln weiterhin hantieren und klingen.

Hinweis

Wiederholen Sie das Lied bei anderer Gelegenheit mit Kuscheltieren und als kleines Rollenspiel mit einfachen Tiermasken vor dem Gesicht oder um die Stirn.

Liedtext „Frühmorgens auf dem Bauernhof"

G D G Em

1.Früh - mor - gens auf dem Bau - ern - hof, da
Denn end - lich ist es Auf - steh - zeit, am

Am D7 1. G D 2. G

sind die klei - nen Läm - mer so froh. Das
Stall - tor stehn sie schon be - reit.

D G D

gro - ße Schaf ist auf - ge-wacht, ver - gan - gen ist die

G D G Em

gu - te Nacht. Sie ru - fen nach dem Bau - ern - paar, ganz

Am D7 G

laut: Mäh, mäh, mäh, mäh!

2. Frühmorgens auf dem Bauernhof,
da sind die **Gänseküken** so froh.
Denn endlich ist es Aufstehzeit,
am Stalltor stehn sie schon bereit.
Die große **Gans** ist aufgewacht,
vergangen ist die gute Nacht.
Sie rufen nach dem Bauernpaar,
ganz laut: Gak, gak, gak, gak!

3. Frühmorgens auf dem Bauernhof,
da sind die kleinen **Kälber** so froh.
Denn endlich ist es Aufstehzeit
am Stalltor stehn sie schon bereit.
Die große **Kuh** ist aufgewacht,
vergangen ist die gute Nacht.
Sie rufen nach dem Bauernpaar,
ganz laut: Muh, muh, muh, muh!

4. Frühmorgens auf dem Bauernhof,
da sind die kleinen **Fohlen** so froh.
Denn endlich ist es Aufstehzeit,
am Stalltor stehn sie schon bereit.
Das große **Pferd** ist aufgewacht,
vergangen ist die gute Nacht.
Sie rufen nach dem Bauernpaar,
ganz laut: Hüh, hüh, hüh, hüh!

5. Frühmorgens auf dem Bauernhof,
da sind die kleinen **Ferkel** so froh.
Denn endlich ist es Aufstehzeit,
am Stalltor stehn sie schon bereit.
Das große **Schwein** ist aufgewacht,
vergangen ist die gute Nacht.
Sie rufen nach dem Bauernpaar,
ganz laut: Grunz, grunz, grunz, grunz!

Melodie: „Es tanzt ein Bi-ba-butzemann"
Text: Miriam Kaykusuz

Allerlei selbst gebastelte Rasseln

Material
- ⊚ einige Blechdosen, beispielsweise Tabakdosen mit Deckel
- ⊚ einige kleine Plastikdöschen
- ⊚ einige leere Plastikflaschen
- ⊚ leises Füllmaterial, wie Sand
- ⊚ lautes Füllmaterial, wie Reiskörner oder Bohnenkerne
- ⊚ Dekomaterial, wie selbstklebende farbige Folie, Federn, Geschenkbänder oder Bast
- ⊚ Schere, Flüssigkleber, Klebeband

So geht's

Bestücken Sie jedes Behältnis mit einem der Füllmaterialien und verschließen Sie es gut. Bei Bedarf können Sie die Öffnung mit Klebeband zusätzlich verkleben. Anschließend können Sie die Rasseln nach Herzenslust mit Folie, Bändern und Federn schmücken.

Hinweis

Auch das Bekleben von Luftballons mit Kleisterpapier ist möglich, denn das Hantieren mit Kleister und Papierschnipseln ist ein großer Spaß für kleine Patschehände.

Getrocknet können die Ballons befüllt und die kleine Öffnung, die am Ballonknoten entsteht nachträglich mit Kleister und Papier verschlossen werden.

Achtung:

Achten Sie unbedingt darauf, dass die Kinder, die die Rasseln noch mit dem Mund erforschen, die selbst gebastelten Rasseln nicht unbeaufsichtigt in den Händen halten.

Meine kleine Welt entdecken

... mit Rasseln

Soziale Förderung

- Sitze mir gegenüber und rolle einen Rasselball oder Klingelball zu mir hin – manchmal möchte ich ihn behalten und manchmal mit dir teilen.
- Nimm dir eine Rassel und gib mir ebenfalls eine – dann rasseln wir gemeinsam, wenn du dazu singst.

Sprachliche Förderung

- Zeige mir unterschiedliche Rasseln, lass mich fühlen und sage mir, ob sie klein oder groß sind.
- Erzähle mir, was du damit tust:
  - *„Das ist der Rasselball, ich rolle ihn schnell weg. Wo ist er?"*
  - *„Das kleine Rassel-Ei passt gut in meine Hand. Schau, nun habe ich es in beiden Händen versteckt."*
  - *„Welche Rassel möchtest du nehmen? Gibst du mir auch eine Rassel?"*

Motorische und taktile Förderung

- Ich liebe Rasseln aller Art (Babygreiflinge, Rassel-Eier, Rassel-, Klingelbälle aus Stoff).
- Gib mir Rassel-Eier, denn die kann ich prima halten und mit der Zunge abtasten.
- Schüttele laut den Rasselball und rolle ihn fort – ich will ihn mir schnappen.
- Unterschiedlich gefüllte Rasseln erzeugen außen unterschiedliche Vibrationen – das fühlt sich interessant an.

Visuelle Förderung

- Lege unterschiedliche Rasseln in einen Korb – ich will sie betrachten und erkunden.
- Nimm mich auf den Schoß und spiele mit zwei Rasseln, wenn du singst – ich schaue dir zu und nehme mir dann eine zum Mitspielen.
- Ich sehe die Rassel und dann versteckst du sie – ich will wissen, wo sie ist, und suche sie.
- Gestaltest du Rasseln aus Plastikflaschen, kann ich sehen, welcher Inhalt darin ist und wie er sich beim Hantieren bewegt – Sand fließt, Bohnen kullern, Steinchen klappern. Aber pass auf, dass ich die Flasche nicht selbst öffnen kann.

Auditive Förderung

- Nimm dir ein Rassel-Ei und verstecke deine Hand unter einem Tuch – wenn du dann rasselst, werde ich neugierig und ziehe das Tuch weg.
- Sprich mir einen kurzen, lustigen Reim vor und begleite ihn mit einer Rassel – ich mag diesen klingenden Sprechrhythmus.

© Verlag an der Ruhr | Miriam Kaykusuz | ISBN 978-3-8346-3827-4 | www.verlagruhr.de
Illustration © Christian Bender; Fotolia.com: Icon *Mund, Hand, Auge, Ohr* © Jimena; Icon *Sozial* © Puckung

Klanghölzer im Duett

Spiellied „Wir backen einen Kuchen"

> **Material**
> @ 1 Klangholzpaar je Kind
> @ Backutensilien (anfangs noch versteckt):
> Schneebesen, Kochlöffel, Schüssel, Plastik-Ostereier,
> leere Butterdose

**Lied
S. 22**

So geht's

Reichen Sie jedem Kind ein Klangholz bzw. Klangholzpaar.

Säuglinge, die noch auf dem Rücken liegen, werden
vermutlich am liebsten nur ein einzelnes Klangholz mit Händen und Mund untersuchen, etwas
ältere Kinder schon gerne beide Hölzer aneinanderklopfen oder über den Boden rollen.
Vorsicht bei Kindern, die sich vom Rücken auf den
Bauch drehen und ein Holz im Mund haben!

Ein erstes angeleitetes Spiel findet statt, indem Sie
und Ihre Kollegin mit Ihren Hölzern gegen die
Hölzer der Kinder klopfen, sie über den Boden

rollen oder ein Instrumentenpaar aneinanderreiben. So erhalten die Kinder erste Umsetzungs-
eindrücke und unterschiedliche Klangerlebnisse.

Das Lied wird nach der bekannten Melodie gesungen und, wie in der Tabelle rechts angegeben,
rhythmisch begleitet (s. S. 22).
Sitzen Sie und Ihre Kollegin bei einer Liedwiederholung hinter dem älteren Kleinkind – und
führen Sie die Hölzer von hinten dem Lied entsprechend mit.
Anschließend holen Sie die bereitliegenden Backutensilien hervor und lassen die Kinder damit
hantieren und spielen. Die Instrumente werden weggeräumt.

Variante:
• Singen Sie das Lied ohne Klanghölzer und begleiten Sie es pantomimisch.
• Stellen Sie das Lied am Körper der Kinder dar, als kleine Körpermassage.
• Vereinfachen Sie das Instrumentalspiel, indem Sie durchweg rhythmisch klopfen.

Liedtext „Wir backen einen Kuchen"

1.Wir ba-cken ei-nen Ku-chen, was brau-chen wir da – für? Wir
neh-men et-was Zu-cker, wir neh-men et-was Zu-cker. Er
rie-selt in den Teig, er rie-selt in den Teig.

schnelles Tippen mit den Klanghölzern

2. Wir backen einen Kuchen, was brauchen wir dafür?
   Wir nehmen weißes Mehl, wir nehmen weißes Mehl.
   Sieben es in den Teig, sieben es in den Teig. .... *beide Klanghölzer aneinanderreiben*

3. Wir backen einen Kuchen, was brauchen wir dafür?
   Wir nehmen uns zwei Eier, wir nehmen uns zwei Eier.
   Sie fließen in den Teig, sie fließen in den Teig. .... *beide Klangholzspitzen schlangenlinienförmig*
   am Boden entlangziehen

4. Wir backen einen Kuchen, was brauchen wir dafür?
   Wir schneiden etwas Butter, wir schneiden etwas Butter.
   Sie fällt hart in den Teig, sie fällt hart in den Teig. .... *2-mal die Hölzer mit kurzer Pause*
   aufeinanderklopfen

5. Wir backen einen Kuchen, was brauchen wir dafür?
   Wir rühren in der Schüssel, wir rühren in der Schüssel.
   Das wird ein weicher Teig, das wird ein weicher Teig. ..... *beide Hölzer senkrecht halten und rühren*

6. Wir backen einen Kuchen, was brauchen wir dafür?
   Das Backblech in den Ofen, das Backblech in den Ofen.
   Es backt nun unser Teig, es backt nun unser Teig. .... *beide Hölzer am Boden hin und her rollen*

Melodie: „Der Kuckuck und der Esel"
Text: Miriam Kaykusuz

Klanghölzer kostengünstig selbst gemacht

Material

Variante 1
- 1 stabile, dünne Papprolle pro Klangholz (beispielsweise leere Rolle von Aluminiumfolie)
- Stifte, Glitzer und Dekosteinchen
- selbstklebende, durchsichtige Folie
- Scheren, 1 scharfes Messer oder kleine Handsäge
- Heißkleber

Variante 2
- 1 dickes Bambusrohr pro Klangholz
- farbiger Bast und Heißkleber
- Stichsäge und feines Schmirgelpapier

So geht's

Anleitung 1: Papprollen-Klangstäbe

Papprollen von Aluminium- oder Klarsichtfolie sind durch ihre Dicke und Stabilität besonders geeignet für den Bau von Klanghölzern. Mithilfe eines scharfen Messers oder einer kleinen Handsäge halbieren Sie diese zu ca. 15 cm langen Rohren. Mit Fingerfarbe bunt bemalt und mit Glitzer oder Dekosteinchen zusätzlich gestaltet, entstehen ganz individuelle, bunte Instrumente. Beziehen Sie die Kleinen in die Gestaltungsarbeit mit ein. Anschließend ist ein Umhüllen mit selbstklebender durchsichtiger Folie wichtig, um ein Abfärben an Händen und Mund zu verhindern. Lassen Sie die Kinder, die Instrumente noch in den Mund nehmen, nicht unbeaufsichtigt mit den Papprollen-Klangstäben umgehen.

Anleitung 2: Bambus-Klanghölzer

Diese quasi unzerstörbaren Klanghölzer sind schnell gebaut, jedoch fällt hier ein Mitgestalten durch die Kinder weg. Besorgen Sie in einem Baumarkt oder im Agrarhandel dicke „Bambusrohre" mit einem Durchmesser von 3–3,5 cm. Handelsübliche Bambusstäbe für Pflanzentöpfe eignen sich hierfür weniger.
Sägen Sie mit einer Stichsäge Teilstücke von ca. 15 cm Länge ab und umwickeln Sie diese mit farbigem Bast. Fixieren Sie den Bast mit Heißkleber. Eventuell kann ein Abschleifen der Enden mit etwas Schmirgelpapier sinnvoll sein.

Hinweis

Die meisten Einrichtungen verfügen über einen Satz Klanghölzer, um mit einer ganzen Kindergruppe musizieren zu können. Das Herstellen eigener Klanghölzer kann eine schöne Elternaktion sein, bei der die Eltern für oder gemeinsam mit ihren Kindern ein oder zwei Klangholzpaare gestalten. Diese können sie dann zusammen mit der dazugehörigen Elternseite „Meine kleine Welt entdecken" mit nach Hause nehmen.

Meine kleine Welt entdecken

... mit Klanghölzern

 Soziale Förderung

- Spiel mit mir gemeinsam einen Klopfrhythmus – ich halte mein Holz und du klopfst dagegen.
- Ein Klangholz wird zur Teigrolle und du rollst auf meinem Körper sacht hin und her.
- Teilen kann schön sein – du gibst mir beide Klanghölzer und ich gebe eins zurück. Ob das klappt?

 Sprachliche Förderung

- Diese drei kurzen Reime kannst du prima rhythmisch mit den Klanghölzern begleiten:
  - *Feuerholz, das reiben wir, denn es gibt bald Essen hier.* (Hölzer aneinanderreiben)
  - *Beide Hölzer im Duett, klopfen froh und finden's nett.* (Hölzer aneinanderklopfen)
  - *Klangholzspitzen tippen sacht, jedes Körperteil erwacht.* (Körperteile antippen)

 Motorische und taktile Förderung

- Rolle ein Klangholz fort, ich krabbele oder robbe hinterher und hole es mir.
- Stecke das Instrument in meine Faust – ich fühle, es ist hart und glatt und rund.
- Gib mir beide Klanghölzer, damit ich sie irgendwann aneinanderklopfen, wegrollen und verstecken kann.

 Visuelle Förderung

- Hantiere mit den beiden Klanghölzern in meinem Blickfeld mal langsam und mal schnell.
- Kannst du die Klanghölzer in deinen Handflächen balancieren? Das will ich sehen.
- Was kann das Klangholz denn noch (rollen, klopfen, reiben, schnell und langsam spielen, ein Fernrohr oder z. B. ein „Ruf-Rohr" sein)? Ich schaue zu und imitiere dich vielleicht schon bald.

 Auditive Förderung

- Schnell, aber auch langsam finde ich schön: reiben, klopfen, tippen.
- Klopfe und sprich verschiedene Rhythmen und gib mir Kuscheltiere oder Spielfiguren dazu in die Hand:
  - *Pick, pick, pick, so ruft das Huhn, hat den ganzen Tag zu tun.*
  - *Hopp, hopp, hopp, so läuft das Pferd, ist nicht gerne eingesperrt.*
  - *Bumm, bumm, bumm, der Elefant, sieht bei uns heut allerhand.*
  - *Zisch, zisch, zisch, die Schlange Lu, schlängelt weit bis nach Peru.*

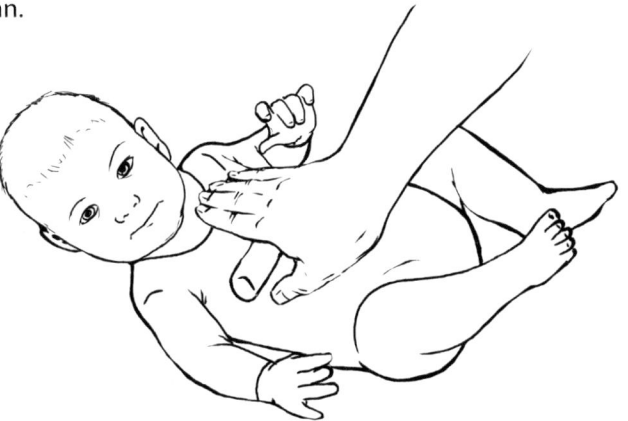

© Verlag an der Ruhr | Miriam Kaykusuz | ISBN 978-3-8346-3827-4 | www.verlagruhr.de
Illustration © Christian Bender; Fotolia.com: Icon *Mund, Hand, Auge, Ohr* © Jimena; Icon *Sozial* © Puckung

Entdeck mit mir die Welt!

Regenmacher rauschen

Spiel „Guten Morgen, Schnecke Schlawina"

Material
- Plüschschnecke
- 2 Stoffsäckchen
- Regenmacher
- Spielgemüse aus Holz oder Plastik

Ich habe euch ein kuscheliges Säckchen mitgebracht, darin wohnt meine Freundin Schlawina. . . .	*Gehen Sie mit dem weichen, noch verschnürten Säckchen, das von außen her befühlt wird, im Kreis umher (die Plüschschnecke befindet sich darin).*
Gähn, Schlawina ist noch etwas müde, aber kriecht nun langsam aus dem Säckchen heraus.	*Holen Sie die Schnecke geheimnisvoll hervor und lassen Sie diese auf den Händen oder Beinen entlangkriechen. Hier gehen Sie erneut von Kind zu Kind.*
Unsere Schnecke ist sehr hungrig und möchte gerne etwas essen. Hört mal, was es gibt!	*Holen Sie das zweite Säckchen hervor und klappern Sie fröhlich mit dem versteckten Spielgemüse. Danach dürfen die Kinder hineingreifen und sich einen der Gegenstände nehmen.*
Mmh, alles sieht so lecker aus, aber das Gemüse muss noch sauber gewaschen werden.	*Mit dem Regenmacher gehen Sie von Kind zu Kind und halten ihn über das jeweilige Gemüse. Das Instrument wird ein- oder 2-mal gedreht. Das Rauschen stellt den Regen dar, der auf das Gemüse prasselt.*
Das war ein schöner, kühler Regen. Das Gemüse ist schon fast ganz sauber.	*Die Kinder rücken enger zusammen und drehen mit Ihnen gemeinsam den Regenmacher. So spüren sie mit den eigenen Händen das Prasseln der Körner.*
Schlawina will nun hungrig daran knabbern.	*Setzen Sie die Plüschschnecke auf das Gemüse und lassen Sie sie lautstark daran knabbern.*
Schlawina ist satt und müde und kriecht nun in ihr Schneckenhaus. Bis zum nächsten Mal.	*Stecken Sie die Plüschfigur in das Säckchen zurück.*

Regenmacher aus Papprollen

Material

- 1 feste Papprolle pro Regenmacher: Rolle einer Aluminiumfolie oder Verpackungsrollen
- eine Vielzahl von Nägeln, die etwas kürzer als der Rollendurchmesser sind
- Hammer
- 2 Papierkreise, etwas größer als der Rollendurchmesser
- Klebeband
- als Füllmaterial: Schottersteinchen oder Reiskörner
- Gestaltungsmaterial: Kleister, Pinsel, weißes Papier, beispielsweise Fingerfarbe, selbstklebende farbige Folie, Filzstifte, Glitzerstaub, bunte Dekosteinchen, Heißklebepistole, Bast, Lederbänder etc.

So geht's

Schlagen Sie rings um die Rolle jede Menge Nägel ein und verschließen Sie anschließend die erste Öffnung der Rolle mit einem Papierkreis, indem Sie den überstehenden Rand umklappen und den Überstand mit Klebeband fixieren.

Nun ist der Regenmacher für das Füllmaterial vorbereitet. Schütten Sie Steinchen, Reis o. Ä. in die Rolle hinein. Diese klackern schon an den Nägeln entlang bis hinunter zum festgeklebten Papierkreis.

Verschließen Sie die zweite Öffnung der Rolle in gleicher Weise mit einem weiteren Papierkreis.

Danach können die Regenmacher mit Kleister eingestrichen und mit Papierschnipseln beklebt werden. Dabei können Kinder schon prima mithelfen.

Bekleben Sie mit den Kindern auch die Öffnungen der Rolle, sodass das Papier dort dicker beklebt ist, härtet und stabiler wird. Die Rolle muss nun trocknen und kann anschließend fantasievoll bunt bemalt und beklebt werden.

Lassen Sie die Kinder aber nicht unbeaufsichtigt mit den Regenmachern hantieren.

 ## Soziale Förderung

- Spiele mit mir ein Wetterspiel: Lasse deine Finger als Regen über meinen Körper tippeln, puste Wind auf meine Haut und streiche deine flachen Hände als Sonne über mich hinweg.
- Lege meine Hände an den Regenmacher und halte sie mit deinen Händen daran fest – gemeinsam bewegen wir das Instrument und spüren das Rauschen der Körner im Inneren.

 ## Sprachliche Förderung

- Ein kleiner Regenreim zum Instrumenten- oder Körperspiel würde mir gut gefallen:

> *Viele leise Regentropfen*
> *wollen heute bei mir klopfen.*
> *Prasseln sacht und sind ganz weich,*
> *stärker regnet es sogleich.*
> *Viele schnelle Regenbahnen*
> *an den Fenstern sind zu ahnen.*
> *Ziehen ihre langen Spuren,*
> *mal gerade, mal in Kurven ...*

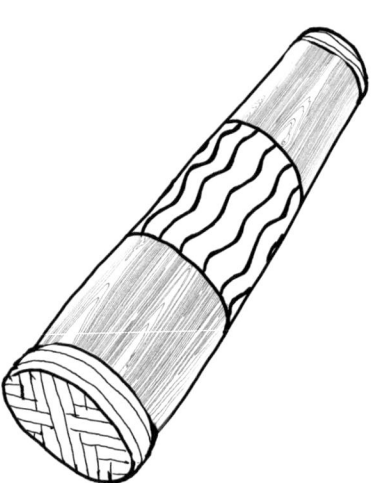

 ## Motorische und taktile Förderung

- Halte meine Hände an den Regenmacher und kippe ihn langsam und schnell hin und her.
- Meine Hände spüren das langsame und schnelle Rauschen der Körner im Inneren.
- Tippel mit deinen Fingern als Regen in meine Handflächen und an meinen Hals.
- Rolle das rauschende Instrument von mir weg – vielleicht kann ich dorthin gelangen und es mir schnappen.

 ## Visuelle Förderung

- Halte den Regenmacher in meinem Blickfeld und kippe ihn langsam hin und her – fasziniert beobachte ich dein Spiel.
- Stelle dich mit mir an ein Fenster oder vor die Haustür und zeige mir den Regen.
- Tupfe mit deinen Zeigefingern Cremepunkte auf meine nackte Haut – das ist der Regen, den wir gemeinsam ver(t)reiben werden.

 ## Auditive Förderung

- Schweigend kippen wir den Regenmacher schnell und langsam und lauschen einfach.
- Danach höre ich dir gerne zu, wenn du ein Regenlied für mich singst – deine Stimme ist mir vertraut und das Zuhören macht mir Freude.
- Erzähle mir von Regenwetter und lasse mich den Regen an der Scheibe und im Freien hören.
- Nimm dir hellblaues Transparentpapier als Regen und knistere damit – das macht auch mir selbst mit meinen Händen Spaß!

© Verlag an der Ruhr | Miriam Kaykusuz | ISBN 978-3-8346-3827-4 | www.verlagruhr.de
Illustration © Christian Bender; Fotolia.com: Icon *Mund, Hand, Auge, Ohr* © Jimena; Icon *Sozial* © Puckung

2. Kapitel

Erste Materialspiele

Fliegenklatschen-Späße

Alles schwebt in meiner Hand

> **Material**
> ꩜ 1 Streichholz oder kurzes Stückchen eines Strohhalmes
> ꩜ 1 Fliegenklatsche pro Kind
> ꩜ 1 Bastelfeder
> ꩜ dünne, reißfeste Schnur

Vorbereitung

Nehmen Sie jede Fliegenklatsche und stecken Sie durch eine der kleinen Gitteröffnungen ein Stück Schnur (ca. 30 cm lang). Das obere Ende binden Sie um ein Streichholz oder ein kurzes Stückchen Strohhalm. So hängt die Schnur herab, ist gut befestigt und ein umständliches Knoten entfällt. An das untere Ende der Schnur binden Sie die Feder. So hat jedes Kind zu Beginn des Reims seine schwebende Feder.

So geht's

Jedes Kind erhält eine Fliegenklatsche mit Feder, die am Griff gehalten wird. Die Feder schwebt an der Schnur, während die Kinder, dem Text entsprechend, im Raum bzw. innerhalb des Stuhl- oder Sitzkreises umhergehen. Krabbelkinder und Säuglinge werden auf dem Arm mitgetragen bzw. im Liegen mit der schwebenden Feder berührt. Beim letzten Vers stehen alle um das weiche Vogelnest und halten ihre Federn hinein.

Kleine **Feder**, du bist schön,
ich nehme dich jetzt mit.
Kleine **Feder**, du bist leicht,
kommst mit auf Schritt und Tritt.
Kleine **Feder** du schwebst tief,
wenn ich mich runterbücke.
Kleine **Feder** du schwebst hoch,
wenn ich mich ganz hoch strecke.
Und weil ich gern dein Träger bin,
bring ich zum **Vogelnest** dich hin.

Hinweis

Weitere leichte Gegenstände bieten die Möglichkeit, den Reim in verschiedenen Varianten zu unterschiedlichen Gelegenheiten anzubieten. Die grün unterlegten Wörter des Reims werden dann durch das neue Material ersetzt.
So wird durch die Verwendung von Wattebäuschen im **Winter** aus der kleinen Feder eine kleine Flocke, die vom Kind zum „Schneehaufen" (aus hellen Chiffontüchern gelegt) gebracht wird. Ein beidseitig mit glitzernder Folie beklebter Bierdeckel wird im **Frühjahr** zum kleinen Falter, der zur „Blume" (aus bunten Chiffontüchern gelegt) getragen wird. Herzen, die aus Motivkarton geschnitten werden, können passend am **Muttertag** zum Einsatz kommen und werden dann zur Mutter hingetragen.

Fliegenklatschen-Theater

> **Material**
> - 1 Fliegenklatsche pro Kind und Pädagogin
> - Glanzpapier, Knopfpaare, Pfeifenreiniger, Schleifenband, Locher für Pupillen u. Ä.
> - Flüssigkleber/Heißkleber, Schere
> - Aluminiumfolie

Vorbereitung

Gestalten Sie für jedes Kind eine individuelle Spielfigur (vielleicht auch als Angebot mit den Eltern). In kleine Tätigkeiten kann das Kind mit eingebunden werden, wie das Aussuchen des Papiers und eventuell zweier Knöpfe für die Augen, das Stanzen zweier Pupillen mit dem Locher usw.

Das straffe Umwickeln mit Aluminiumfolie um den Kopf der Fliegenklatsche und auch das Anbringen der Gesichtsdetails tätigen Sie am besten allein. Verwenden Sie reichlich Kleber und legen Sie die Fliegenklatsche mit dem Gesicht nach unten auf eine Unterlage, um das Herauslaufen des Klebers durch die kleinen Gitterchen zu verhindern, falls Sie auf ein Umwickeln mit Folie verzichten. Beschweren Sie den Figurenkopf nach Möglichkeit noch zusätzlich mit einem Buch. Der Fantasie sind hier keine Grenzen gesetzt und weitere Materialien für Haare und Körper (beispielsweise Umhang) können zum Einsatz kommen.

So geht's

Da nach dieser Vorarbeit für jedes Kind eine Stabfigur vorhanden ist, kann das kreative Spiel beginnen. Verwenden Sie mit Ihrer Kollegin einige Figuren für das Erzählen einer lustigen Geschichte, eventuell, hinter einem Kasten versteckt, als Stabpuppenspiel.

Die Kinder dürfen mit ihren Fliegenklatschen ebenfalls im Sitzkreis mit hantieren.

Säuglinge und Krabbelkinder, die die Fliegenklatschen noch nicht festhalten können oder evtl. die Folie oder Kleinteile in den Mund nehmen und verschlucken könnten, werden vom Erwachsenen bespaßt, indem die Figuren in Augenhöhe hin und her tanzen, das Kind zart am Körper streicheln und Klatschspiele am Boden vollführen.

Meine kleine Welt entdecken

... mit einer Fliegenklatsche

 ## Soziale Förderung

- Passe auf mich auf, wenn ich auf dem Rücken liege und dieses Spielzeug mit dem Mund erkunde – wenn ich mich vom Rücken auf den Bauch drehe, könnte ich mich mit dem Stiel im Mund und im Hals verletzen.
- Gib mir bitte nur eine unbenutzte Fliegenklatsche, damit ich sie wunderbar mit Zunge und Fingern ertasten kann.
- Verstecke dich hinter dem Gitter der Fliegenklatsche – ich beobachte und suche dich und freue mich, wenn dein Gesicht wieder auftaucht.

 ## Sprachliche Förderung

- Begleite einen kleinen Reim oder ein Lied rhythmisch mit der Fliegenklatsche auf dem Boden – der Klopfrhythmus und dein Sprechrhythmus unterstützen meine Sprechfreude.
- Singe an einem Regentag ein Regenlied und lege ein Tuch über die Fliegenklatsche, die dann zum Regenschirm wird – ich verstehe dann besser, wovon du singst.

 ## Motorische und taktile Förderung

- Halte die Fliegenklatsche waagerecht vor meinen Kopf, bis ich sie mit den Fingern schnappen kann. Du hältst den Stiel und ziehst zaghaft zurück – das finde ich lustig und ich zeige dir, wie viel Kraft ich habe.
- Streichle mich vorsichtig mit dem Gitter der Fliegenklatsche – sie ist zart, biegsam und eckig.
- Binde ein Band mit einem Glöckchen an den Stiel und wedele damit über den Boden – ich versuche, dorthin zu gelangen und das Glöckchen zu schnappen.

 ## Visuelle Förderung

- Hänge ein dünnes Tuch oder einen Schal über den Kopf der Fliegenklatsche – du kannst dann mit dem Stoff wedeln, ihn auf und nieder bewegen, mich damit kitzeln und über meinen Kopf und Augen halten.
- Du kannst mit dem Kopf der Fliegenklatsche auf dem Boden ein kleines Klatschspiel veranstalten und mal schnell, mal langsam klatschen, wischen und die Fliegenklatsche hinter deinem Rücken verstecken – meine Augen folgen deinen Bewegungen.
- Halte das Gitter vor meine Augen – ob ich dich trotzdem noch sehen kann?

 ## Auditive Förderung

- Hänge an die kleine Öffnung am Stiel der Fliegenklatsche ein kleines Bändchen mit Glöckchen daran – ich mag das Klingen, wenn du mit dem Stiel wedelst und ihn über den Boden wischst.
- Singe ein Lied, das ich mag, und begleite es rhythmisch mit der Fliegenklatsche auf dem Boden.

© Verlag an der Ruhr | Miriam Kaykusuz | ISBN 978-3-8346-3827-4 | www.verlagruhr.de
Illustration © Christian Bender; Fotolia.com: Icon *Mund, Hand, Auge, Ohr* © Jimena; Icon *Sozial* © Puckung

Fröhliche Ballons

Ein Luftballonmännchen

Material	
	◎ 1 Luftballon pro Kind
	◎ Ballpumpe
	◎ etwas Transparentpapier (verschiedene Farben)
	◎ Kleber, Schere, Kugelschreiber
	◎ Sand und Trichter
	◎ Tonkarton
	◎ 1 Esslöffel

Mein schöner, bunter Sandballon, der spielt mit uns ein Spiel.
Mein schöner, bunter Sandballon, der kann auch wirklich viel.
Werf ich ihn hoch, dann landet er auf seinem großen Fuß.
Dann winke ich ihm gerne zu für einen Sandmanngruß.

Mein schöner, bunter Sandballon, der spielt mit uns ein Spiel.
Mein schöner, bunter Sandballon, der kann auch wirklich viel.
Als Rassel schüttle ich ihn wild und mache damit Lärm.
Dem Sandmann hören wir gern zu, ich geb ihn in die Fern.

Vorbereitung

Füllen Sie mithilfe des Trichters einen Luftballon mit 2–3 Esslöffeln Sand, pusten Sie ihn anschließend mit der Ballpumpe auf und verknoten Sie ihn. Danach werden Nase, Augen und Mund auf das Transparentpapier gemalt, ausgeschnitten und anschließend auf den Luftballon geklebt. Aus dem Tonkarton wird ein herzförmiger Standfuß geschnitten. Schneiden Sie mittig einen schmalen Schlitz hinein und ziehen Sie dort den Luftballonknoten hindurch.

So geht's

Die Kinder sitzen oder stehen in einem Kreis und spielen gemeinsam mit dem Sandballonmännchen. Die beiden Strophen können losgelöst zu unterschiedlichen Spielgelegenheiten gesprochen oder in einem kleinen „Sing-Sang" vorgetragen werden.
So dient die erste Strophe ausschließlich dem Kennenlernen des Ballonmännchens, dem Hochwerfen und Beobachten des Absinkens.
Die zweite Strophe dient der akustischen Handhabung des Ballons. Das Hören und Schütteln steht im Vordergrund, ebenso ein Abgeben an das Nachbarkind.

Viele bunte Zauberblumen

> **Material**
> - 1 Luftballon pro Kind und Pädagogin (unterschiedliche Farben)
> - Ballpumpe
> - Geschenkband, Schere und Bleistift
> - Tonpapier, eventuell durchsichtiges Klebeband

Vorbereitung

Schneiden Sie eine Wolkenform aus dem Tonpapier aus und stechen Sie einen Punkt in die Mitte. Dort hindurch stecken Sie den Knoten eines aufgepusteten Luftballons und befestigen von unten ein paar sich wellende Geschenkbänder (max. 30 cm). Zur Sicherheit können Sie diese von unten noch mit Klebeband fixieren. Lassen Sie die Kinder nicht unbeaufsichtigt mit den Ballons spielen.

So geht's

Singen Sie das Lied mit den Kindern im Steh- oder Sitzkreis. Die Kinder halten den Ballon während der Strophe möglichst fest und bewegen ihn sacht hin und her. Passend zur letzten Strophe, fliegen alle Luftballons hoch in die Luft und landen in der Kreismitte.

Liedtext „Zauberblumen"

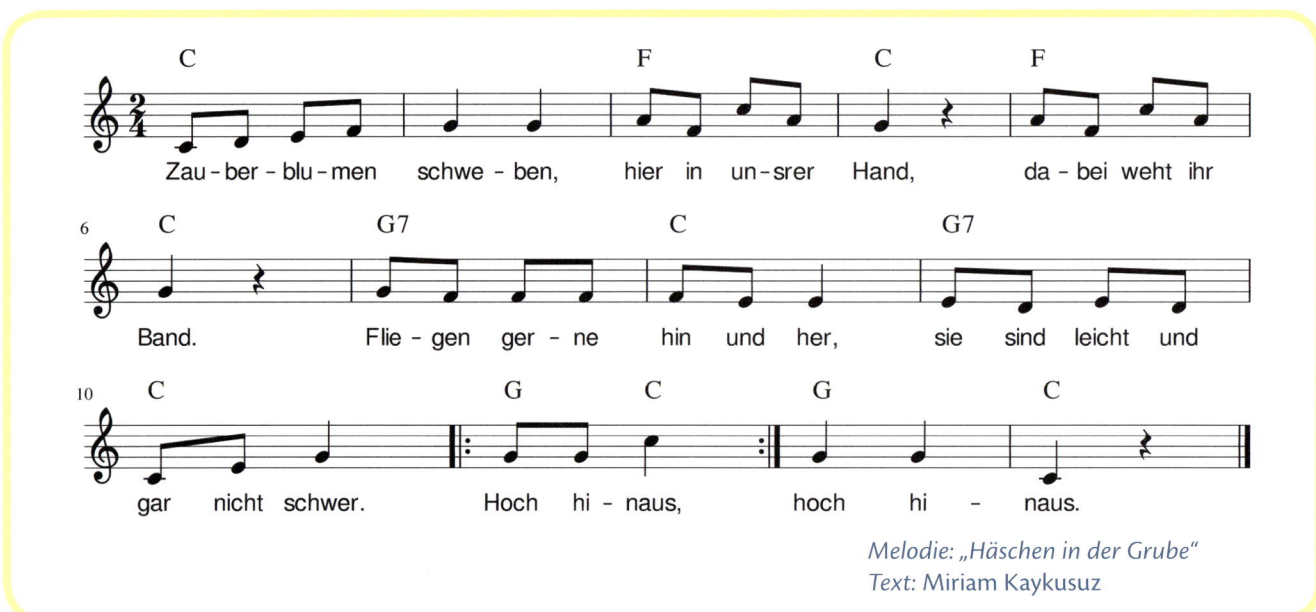

Zau-ber-blu-men schwe-ben, hier in un-srer Hand, da-bei weht ihr Band. Flie-gen ger-ne hin und her, sie sind leicht und gar nicht schwer. Hoch hi-naus, hoch hi-naus.

Melodie: „Häschen in der Grube"
Text: Miriam Kaykusuz

Meine kleine Welt entdecken

... mit dem Luftballon

 ### Soziale Förderung

- Rutscht mir der Luftballon aus den Händen oder fliegt aus meiner Reichweite, dann sei geduldig und bringe ihn mir immer wieder – ich kann ihn noch nicht gut halten.
- Puste ihn nicht zu stramm auf – wenn ich fest drücke, könnte er platzen und ich bekomme vielleicht Angst.
- Verstecke dein Gesicht hinter dem Ballon – wenn du wieder auftauchst, freue ich mich.
- Als Säugling liege ich ganz entspannt in deinem Arm – mit einem lieben Gesicht auf dem Ballon fühle ich mich besonders wohl und lasse mich gerne von ihm berühren.

 ### Sprachliche Förderung

- Sage mir, was du mit dem Luftballon spielst:
  - *„Ich schnappe mir den Luftballon!"*
  - *„Hui, fliegt der Ballon aber hoch. Schau, schon schwebt er wieder herunter."*
  - *„Schnell, wir rennen mit dem Luftballon am Band, er flattert mit uns mit."*
  - *„Hier ist der Luftballon ... und wo ist er jetzt? Ah, hinter meinem Rücken. Da ist er ja wieder."*

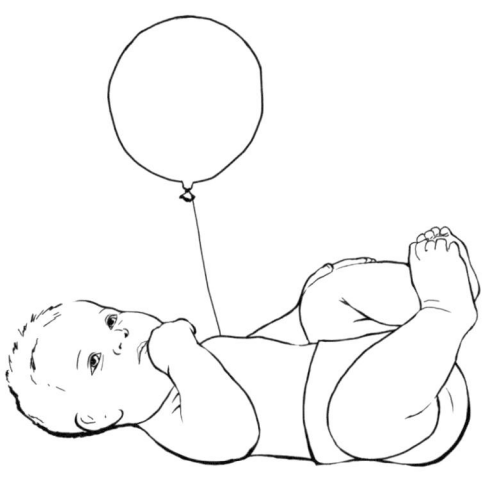

 ### Motorische und taktile Förderung

- Meine Hände mögen Luftballonspiele: Sie können den leichten Ballon gut halten und sogar fallen lassen ohne Lärm, er schwebt den Händen auch mal davon und fühlt sich leicht und glatt an.
- Mit unterschiedlichen Sandmengen gefüllte und aufgepustete Luftballons fühlen sich verschieden schwer an – das nehme ich wahr und finde es spannend.

 ### Visuelle Förderung

- Vielleicht bin ich ängstlich mit Luftballons – mit fröhlichen Gesichtern darauf werde ich schon viel mutiger im Umgang mit ihnen.
- Der Luftballon schwebt langsam – ich kann ihm mit meinen Blicken folgen, wenn ich am Boden liege oder sitze.
- Wenn ich sitze, fliegt er auch mal hoch hinaus und ist für mich verschwunden – schwebt er wieder vor meinen Augen herunter, freue ich mich, dass er wieder da ist.

 ### Auditive Förderung

- Wie hört es sich an, wenn der Luftballon an meiner Hose gerieben wird oder ein Glöckchen an ihm hängt?
- Befülle Luftballons mithilfe eines kleinen Trichters mit verschiedenen Materialien (z. B. Sand, Reis, Wasser, Papierreste eines Lochers) und verknote sie nach einem vorsichtigen Aufpusten – ich will sie mit dir schütteln und den Geräuschen lauschen.

ACHTUNG!

· ·

Kinder sollten Luftballons nicht in den Mund nehmen. Kaufen Sie unter Umständen eine Luftballonhülle aus Stoff.

© Verlag an der Ruhr | Miriam Kaykusuz | ISBN 978-3-8346-3827-4 | www.verlagruhr.de
Illustration © Christian Bender; Fotolia.com: Icon *Mund, Hand, Auge, Ohr* © Jimena; Icon *Sozial* © Puckung

Entdeck mit mir die Welt!

Chiffontücher schweben

Tanzende Tücher

Material
- 1 farbiges Chiffontuch pro Kind und Pädagogin
- Aufziehtier, z. B. Maus oder Aufziehfahrzeug
- eventuell dickes Haushaltsgummi
- Turnmöbel, wie Kasten, Bank, Pylonen, Stoffbausteine
- Ocean-Drum oder Regenmacher bzw. CD-Spieler und Entspannungsmusik

So geht's

Teil 1: Die kleine, flinke Maus

Stecken Sie ein Stück des ersten Tuches locker durch den Ring der Aufziehschnur der kleinen Maus.
Ziehen Sie die Schnur auf, sprechen Sie den Reim und lassen Sie die Maus zum ersten Kind flitzen. Das Kind nimmt sein Tuch und zieht die Maus, mithilfe Ihrer Kollegin, wieder auf und schickt sie Ihnen zurück.
Steht Ihnen statt der Maus ein anderer flitzender Aufziehgegenstand zur Verfügung, ändern Sie den Reim entsprechend ab. Falls kein Ring an der Schnur vorhanden ist, wickeln Sie das Haushaltsgummi um den Gegenstandskörper und stecken die Tücher dann jeweils dort hinein.

> Die flinke Maus kommt angesaust,
> ein buntes Tuch kommt mitgebraust.
> Marlene, streck die Hand nach ihr,
> das bunte Tuch bleibt nun bei dir.

Teil 2: Viele kleine Krabbelmäuse

Stecken Sie jedem Kind sein Chiffontuch ein Stück weit in den Hosen- oder Rockbund, sodass er wie ein kleiner Mäuseschwanz herausschaut. Bauen Sie aus den Turnmöbeln, die Ihnen zur Verfügung stehen, einen Hindernisparcours und ein Mäusehäuschen auf, in das die Kinder sich legen können. Bei der Verwendung eines Aufziehfahrzeuges wandeln Sie auch hier das Thema ab, indem die Tücher den Fahrzeugauspuff darstellen und die Stoffbaustein-Ecke eine Garage ist.

Teil 3: Ruhezeit für müde Mäuse

Alle Kinder legen sich gemütlich in die kleine Mäusehöhle und lauschen dem Rauschen des Instrumentes oder der leisen Entspannungsmusik.

Flattergespenster

> **Material**
> ◎ 1 Chiffontuch pro Kind und Pädagogin
> ◎ Schnur und Schere
> ◎ 1 leichter Ball pro Kind und Pädagogin (beispielsweise aus dem Bällebad)
> ◎ Schwungtuch

Vorbereitung

Legen Sie jedem Kind seinen Ball mittig auf ein Chiffontuch und fassen Sie das Tuch darum herum zusammen. Das Tuch wird mit einem Stück Schnur eng verknotet.

So geht's

Teil 1: Gespenster flattern

Singen Sie ein thematisch passendes Lied von Gespenstern, Schloss, Nacht oder Geisterstunde. Während des Singens werfen Sie das flatterige Tuchgespenst mehrfach hoch in die Luft und fangen es wieder auf. Die Kinder können dies je nach Alter und motorischer Entwicklung, am Boden sitzend, stehend oder im Raum gehend, imitieren. Auch ein Festhalten des Gespenstes am Ball-Kopf ist möglich, sodass es hin und her geschwenkt werden kann.

Teil 2: Gespenster tanzen

Die Flattergespenster werden nach und nach auf das liegende Schwungtuch geworfen und gemeinsam hochgehoben und geschüttelt. Die Tuchgespenster werden in kleinen und großen Wellen in Bewegung versetzt und hüpfen entsprechend sanft oder wild. Herunterfallende Gespenster werden wieder auf das Tuch geworfen. Säuglinge werden nach Möglichkeit auf einem Arm mitgetragen.

Teil 3: Gespenster ruhen

Stehen Sie mit weiteren Kolleginnen oder älteren Kindern in regelmäßigen Abständen um das Schwungtuch verteilt und halten Sie es möglichst gespannt fest. Die Gespenster liegen obenauf. Gemeinsam gehen alle leise im Kreis umher und drehen so die „schlafenden" Tuchgespenster rundherum im Kreis. Eine Entspannungsmusik läuft im Hintergrund.

Meine kleine Welt entdecken

... mit Tüchern

 ## Soziale Förderung

- Suche dünne Tücher, mit denen du mit mir spielen kannst: Chiffontücher, dünne Schals oder Loops. Lass mich aber damit nicht allein.
- Bedecke meinen Kopf mit einem Tuch, dann bin ich vor dir versteckt – wo bin ich?
- Bedecke auch deinen Kopf mit dem Tuch – wo bist du denn jetzt?
- Wickele ein Spielzeug in das Chiffontuch – ich will es suchen und befreien.
- Lege einen kleinen Ball mittig in das Tuch und binde es eng mit einer Schnur zu – lasse dieses Tuchgespenst in deiner Hand schweben und gib es mir dann auch.
- Kann ich schon laufen, nimm mich an die Hand und wir tragen es gemeinsam umher.

 ## Sprachliche Förderung

- Erzähle mir mit sanfter und spannender Stimme, was das Gespenst macht – es fliegt mal sanft und mal etwas wilder zu mir, versteckt sich mal und springt in die Luft ...
- Verstecke das Gespenst immer wieder geheimnisvoll hinter deinem Rücken und begleite dies sprachlich:
  - *„Wo ist das Gespenst? Gespenst, wo bist du?*
  - *Ah, da ist es wieder! Hallo, Gespenst, du bist wieder da!"*

So verbinden sich Sprache und Gefühle und das Sprechenlernen macht mir viel Freude.

 ## Motorische und taktile Förderung

- Setze dich mir gegenüber und wirf mir das Gespenst zu – ich will es schnappen und wedeln.
- Kann ich noch nicht sitzen, halte mich im Arm und lasse ein Tuch über meinen Körper hinwegwehen – auf nackter Haut spüre ich es am besten (weich, zart, leicht).
- Nimm mich an die Hand oder auf den Arm und laufe mit mir durchs Zimmer – ein dünner Schal oder Tuch flattert hinter uns her.

 ## Visuelle Förderung

- Wirf das Tuch hoch, sodass es sacht herunterschweben kann.
- Wie sieht die Welt aus mit einem durchscheinenden Tuch über den Augen?
- Binde ein kleines Glöckchen oder Kuscheltier an einen Tuchzipfel und ziehe es hinter dir her – ich folge mit meinen Blicken und laufe/krabbele vielleicht schon hinterher.

 ## Auditive Förderung

- Binde kleine Glöckchen oder eine Spielrassel an einen Tuchzipfel – dann kannst du es versteckt hinter dem Rücken klingen lassen und ich suche.
- Beim Hochwerfen und Schlenkern des Tuches kann ich es klingend mit kleinen Glöckchen besser beobachten und die Richtung hören.

© Verlag an der Ruhr | Miriam Kaykusuz | ISBN 978-3-8346-3827-4 | www.verlagruhr.de
Illustration © Christian Bender; Fotolia.com: Icon *Mund, Hand, Auge, Ohr* © Jimena; Icon *Sozial* © Puckung

Steinspielerei

Steinsolo und Steinduett

> **Material**
> - ꩜ schöne Kiste
> - ꩜ 2 gereinigte Steine pro Kind und Pädagogin (handflächengroß, nicht zu schwer)

So geht's

Teil 1: Steinsolo

Stellen Sie die Steinkiste in die Kreismitte und lassen Sie die Kinder neugierig hineingreifen, beobachten, wühlen, Steine klopfen etc.

Lassen Sie jedes Kind einen Stein wählen und stellen Sie die Kiste dann beiseite.

Sprechen Sie die rhythmischen Verse auf dynamische Weise und bewegen Sie, mit den Kindern am Boden sitzend, Ihren eigenen Stein passend mit. Sie sind das Modell der Kinder. Solange Sie beispielsweise Ihren Stein am Boden reiben oder klopfen, wiederholen Sie auch den dazugehörigen rhythmischen Vers mehrfach.

1. Alle Steine **reiben** hier.
   Leise geht das, hört nur her.

2. Alle Steine **klopfen** hier.
   Laut geht das, hört nur mal her.

3. Alle Steine **kullern** hier.
   Schnell geht das, schaut nur mal her.

Teil 2: **Steinduett**

Jedes Kind darf sich nun noch einen zweiten Stein aus der Kiste nehmen und in den Händen halten oder vor sich am Boden ablegen. Auch Sie und Ihre Kollegin beschäftigen sich mit den Steinen und führen, passend zu den Versen, die gesprochenen Tätigkeiten aus. Sie dienen dabei wieder als Modell und die Kinder werden beginnen, Sie zu imitieren.

Bewegen Sie auch einen Ihrer Steine reibend oder klopfend (je nach Vers) am Stein eines eher beobachtenden Kindes und bauen Sie so ein kleines Partnerspiel auf.

1. **Klopft nun laut** mal Stein an Stein,
   niemand ist jetzt mehr allein.

2. **Reibt nun leise** Stein an Stein,
   niemand ist jetzt mehr allein.

3. **Schnelles Grüßen,** Stein an Stein,
   niemand ist jetzt mehr allein.

4. **Langsam tippen,** Stein an Stein,
   niemand ist jetzt mehr allein.

Entspannungsspiel „Eine kleine Schneckenreise"

> **Material** 🌀 1 flacher, runder Stein mit aufgemaltem Schneckenhaus für jede Pädagogin

So geht's

Die Kinder sitzen in einem Kreis am Boden mit nach vorn gestreckten, möglichst nackten Beinen und Füßen. Halten Sie den Stein zu Beginn mit beiden Händen umschlossen, um die „Schnecke" in dunkles Licht zu tauchen. Der Stein wandert, dem Reim entsprechend, am Körper eines Kindes entlang. Ihre Kollegin kann währenddessen mit ihrem Stein ebenfalls ein Kind berühren. Möchten Sie den Reim mehrfach wiederholen, bis alle Kinder die „Schneckenmassage" erleben konnten, lassen Sie die letzte Strophe weg und sprechen Sie sie erst am Ende.

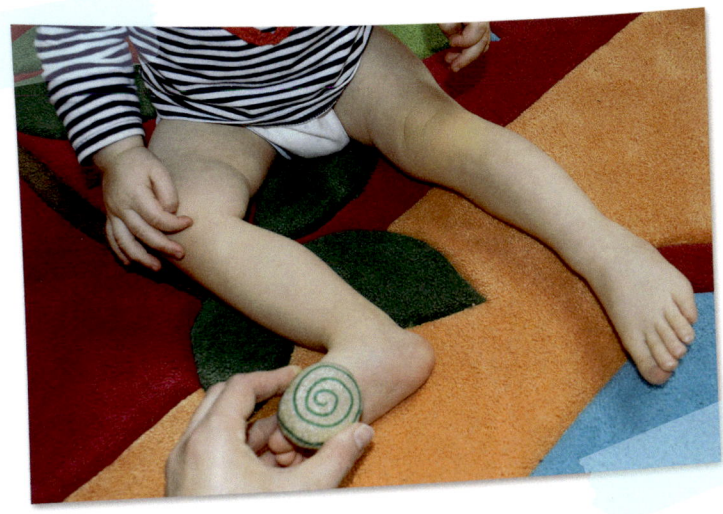

1. Dunkel, dunkel ist es hier,
   bitte, bitte, öffnet mir.
   Hände auf und macht mir Licht,
   denn so dunkel mag ich's nicht.

2. Hallo, hallo, Kinderlein,
   mit euch bin ich nicht allein.
   Langsam, langsam geht die Reise,
   ich krieche dabei sehr leise.

3. Füße, Füße mag ich gern,
   kriech darüber, will nicht störn.
   Beine, Beine folgen dann,
   diese beiden sind sehr lang.

4. Ach, ach, ach, nun wird es schwer,
   der Bauch ist hoch wie ein Berg.
   Langsam, langsam geht's hinauf,
   zu Schultern, Hals und dem Kopf auch.

5. Weiter, weiter an dem Rücken,
   manchmal finde ich auch Lücken.
   Arme, Hände, Fingerlein
   wollen Weggefährten sein.

6. Müde, müde bin ich nun,
   habe nicht mehr viel zu tun.
   Kinder, Kinder, das war schön,
   wir werden uns wiedersehn.

Soziale Förderung

- Rüttele mit einer geschlossenen Kiste oder Dose voller Steine und sei sehr geheimnisvoll – das weckt meine Neugier.
- Gib mir unterschiedliche Steine, die ich erkunden kann – wir klopfen gemeinsam damit.
- Nimm einen glatten Stein und streichle mich damit an nackten Hautstellen.
- Gib mir bitte keine kleinen Steine, die ich verschlucken könnte!

 ### Sprachliche Förderung

- Erzähle mir viel über die Steine, damit ich sie gut kennenlernen kann – sind sie glatt oder rau, kühl, leicht oder schwer, spitz oder rund?
- Wir hantieren gemeinsam mit den Steinen und du begleitest das sprachlich für mich:
  - *„Ich gebe dir den Stein und du nimmst ihn. Halte ihn gut fest."*
  - *„Deine Finger fühlen den glatten Stein genau an."*
  - *„Wir tauschen. Ich gebe dir einen neuen Stein und du gibst mir diesen." usw.*

 ### Motorische und taktile Förderung

- Steine sind ein interessantes Material – ich befühle sie gerne mit Mund, Hand und Fuß.
- Gib mir verschiedene Steine, damit ich Unterschiede spüren kann.
- Zeige mir ein schnelles und langsames Steinspiel – das kann ich vielleicht schon nachmachen.

 ### Visuelle Förderung

- Zeige mir, was Steine alles können – du kannst sie stapeln, reihen, verstecken, in einem Gefäß oder mit den hohlen Händen schütteln, klopfen, reiben.
- Bemale mit mir gemeinsam Steine mit Fingerfarbe und überziehe sie zum Fixieren der Farbe mit Spielzeuglack.
- Sitze mir gegenüber und zeige mir verschiedene Spielweisen – ich beobachte dich genau und lerne von dir.

 ### Auditive Förderung

- Ich höre deinem Steinspiel gerne zu: laut und leise, schnell und langsam, klopfen und reiben.
- Singe unsere Lieblingslieder und begleite deinen Gesang mit zwei Steinen. Klopfe rhythmisch mit und gib mir auch zwei Steine – vielleicht mag ich schon ein wenig mitspielen.
- Verstecke deine Hände mit den beiden Steinen hinter deinem Rücken und klopfe in dieser Weise leise oder laut – ob ich schon hinter dich krabbeln kann, um sie zu finden?

© Verlag an der Ruhr | Miriam Kaykusuz | ISBN 978-3-8346-3827-4 | www.verlagruhr.de
Illustration © Christian Bender; Fotolia.com: Icon *Mund, Hand, Auge, Ohr* © Jimena; Icon *Sozial* © Puckung

Sandsäckchen fliegen

Mein kleines, buntes Flugzeug

> **Material**
> ◎ 1 Sandsäckchen pro Kind und Pädagogin
> ◎ Tamburin und Schlägel

Vorbereitung

Alle sitzen gemeinsam in einem Sitzkreis am Boden und Sie holen zum ersten Kennenlernen alle Sandsäckchen hervor und verteilen Sie an die Kinder. Die Kinder dürfen darauf patschen, damit rascheln oder am Platz werfen. Sie und Ihre Kollegin beschäftigen sich ebenfalls mit Ihren Säckchen und sind Ideengeber: werfen, auf Körperteilen ablegen und balancieren etc. Säuglinge werden im Arm oder weich gebettet am Boden liegend mit eingebunden, indem Sie auf deren Augenhöhe rascheln, auf ihrer Haut entlangreiben oder geräuschvoll darauf patschen.

Zur Einstimmung auf den Reim erzeugen Sie mit den Lippen Motorengeräusche und lassen Ihr eigenes Sandsäckchen als Flugzeug durch die Luft kreisen. Ihre Kolleginnen stimmen mit ein und lassen ihre Sandsäckchen ebenfalls als Flugzeuge auf- und abfliegen oder kreisen.

Der Reim wird in schnellem und langsamem Tempo gesprochen und die Sandsäckchen entsprechend mitbewegt.

1. Mein kleines, buntes Flugzeug ist **schneller** als der Wind,
   es saust mit mir hoch oben, weil wir zwei Freunde sind. . . . . . *schnelle, laute Schläge auf dem Tamburin*

2. Mein kleines, buntes Flugzeug stellt seinen Motor aus,
   wir schweben nun im Himmel, **langsam** ohne Gebraus. . . . . . . *leise, langsame Schläge auf dem Tamburin*

3. Mein kleines, buntes Flugzeug, das fliegt bei Regen **schnell**,
   die dicken Tropfen prasseln, bald wird es wieder hell. . . . . *schnelles Tippeln mit den Fingerspitzen auf dem Tamburin*

4. Mein kleines, buntes Flugzeug erstrahlt im Sonnenschein,
   wir machen's uns **gemütlich** und wollen trocken sein. . . . . . . *langsam über das Trommelfell streichen*

Spiellied „Wir alle sind ein Flugzeug"

Material	
⊚	1 Sandsäckchen pro Kind und Pädagogin
⊚	1 dünnes Stofftuch (griffbereit hinlegen)

Lied
S. 45

So geht's

Singen Sie das Lied anfangs im Sitzkreis, wobei nur Sie ein Sandsäckchen als Flugzeug halten. Lassen Sie es, dem Liedinhalt entsprechend, in Bauch- und Brusthöhe umherkreisen, strecken Sie sich damit nach oben und lassen Sie es zu Boden schweben. Anschließend erhält jedes Kind ein eigenes Sandsäckchen und das Lied wiederholt sich als Bewegungsspiel.

Bei der ersten Strophe sausen Sie und Ihre Kollegin mit Ihren Flugzeugen mal in gerader Bahn, mal in Kurven durch den Raum und die Kleinen Ihnen hinterher.
Während der zweiten Strophe strecken Sie das Sandsäckchen umhergehend hoch in die Luft und zum Ende hin nehmen Sie schnell das Stofftuch und drapieren es lose als Flughafen auf dem Boden. Singen Sie währenddessen den Refrain weiter oder wiederholen ihn noch einmal. Gemeinsam kommen alle zur dritten Strophe dorthin und legen ihre Flugzeuge ab.
Möglichst leise und behutsam werden die Flugzeuge zugedeckt, indem der äußere Rand des Tuches nach innen über die Sandsäckchen gelegt wird.

Sie und Ihre Kollegin nehmen während des Liedes bei Bedarf Kinder an die Hand bzw. auf den Arm.

Liedtext „Wir alle sind ein Flugzeug"

1.Wir al - le sind ein Flug-zeug und sau - sen hin und her. Wir -

flie - gen ger - ne gera - de und - auch mal kreuz und quer. Brumm,

brumm, brumm, brumm, brumm, brumm. Brumm, brumm, brumm, brumm, brumm, brumm.

2. Wir alle sind ein Flugzeug und fliegen hoch hinaus,
wir schauen dann nach unten und sehn ein kleines Haus.
Brumm, brumm, brumm, brumm, brumm, brumm.
Brumm, brumm, brumm, brumm, brumm, brumm.

3. Wir alle sind ein Flugzeug und kehren nun zurück,
wir landen ganz behutsam am Flughafen zum Glück.
Brumm, brumm, brumm, brumm, brumm, brumm.
Brumm, brumm, brumm, brumm, brumm, brumm.

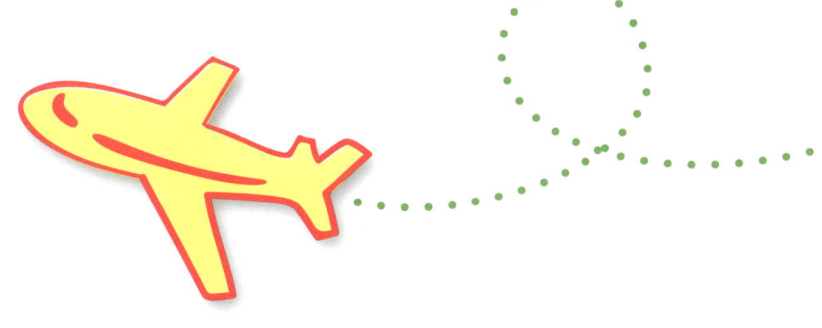

Melodie: „Der Kuckuck und der Esel"
Text: Miriam Kaykusuz

Meine kleine Welt entdecken

... mit Sandsäckchen

 ### Soziale Förderung

- ☺ Liebe Mama/lieber Papa, schau doch mal, ob wir zu Hause ein kleines Säckchen gefüllt mit Sand, Dinkel oder Kirschkernen haben – das ist nicht nur gut für einen kranken Kinderbauch, sondern auch ein prima Spielzeug, aber lasse mich nicht damit allein.
- ☺ Lasse das Säckchen in meinem Blickfeld auf deiner Handfläche hüpfen, raschele damit oder lasse es als Flugzeug durch die Luft schweben.
- ☺ Hast du mehrere Säckchen, dann bedecke mich sanft mit ihnen (außer im Gesicht!). Lasse im Hintergrund eine ruhige Entspannungsmusik laufen oder singe mir ein langsames Kinderlied vor – bestimmt mag ich das sehr gerne und komme zur Ruhe.

 ### Sprachliche Förderung

- ☺ Benenne meine einzelnen Körperteile, wenn du darauf Säckchen ablegst.
- ☺ Lege das Sandsäckchen auf deinen Kopf und singe nach eigener Melodie:
  „Der Hut, der Hut, der steht mir gut", dann beuge den Kopf langsam vor und lasse den Säckchen-Hut herunterfallen – das finde ich lustig und will den Hut auch auf meinem Kopf spüren.

 ### Motorische und taktile Förderung

- ☺ Falls wir verschieden gefüllte Säckchen haben (mit Sand, Dinkelkörnern und Kirschkernen), gib sie mir zum Erkunden mit Händen, Mund und auf nackter Haut – ich spüre die Unterschiede von Gewicht und Körnung.
- ☺ Umfahre mit dem Sandsäckchen meinen Körper und verweile an manchen Stellen – fahre an meinem Arm entlang und verharre dann, oben angekommen, in meiner Halsbeuge oder, unten angekommen, in meiner Handfläche usw.

 ### Visuelle Förderung

- ☺ Kann ich schon krabbeln oder laufen, dann stelle einige unzerbrechliche Schüsseln und große Becher verkehrt herum am Zimmerboden auf und verstecke unser Sandsäckchen unter einem davon – ich will die Gefäße mit deiner Hilfe hochheben und es suchen.
- ☺ Verstecke das Sandsäckchen unter deinem Pullover und raschele damit – ich werde aufmerksam und neugierig.
- ☺ Sei beim Spiel mit dem Säckchen nicht zu schnell, damit ich ihm mit den Augen folgen kann – es hüpft, es schwebt, es wird geschüttelt etc.

 ### Auditive Förderung

- ☺ Erzeuge unterschiedliche Geräusche – klopfe mit der flachen Hand auf das Säckchen, raschle damit und verwende, falls vorhanden, Säckchen mit Kirschkernen, Kichererbsen, Dinkelkörnern.
- ☺ Nimm eine saubere Fliegenklatsche und gib mir auch eine – wir patschen auf das Säckchen, dass es nur so knallt.
- ☺ Kann ich schon sitzen, dann lasse es auch mal hinter meinem Rücken rascheln, sodass ich mich zu dem Geräusch umdrehen muss.
- ☺ Wenn ich auf dem Bauch liege, kannst du das Säckchen vor mir ablegen und mit einem Tuch kurz verstecken.

© Verlag an der Ruhr | Miriam Kaykusuz | ISBN 978-3-8346-3827-4 | www.verlagruhr.de
Illustration © Christian Bender; Fotolia.com: Icon *Mund, Hand, Auge, Ohr* © Jimena; Icon *Sozial* © Puckung

3. Kapitel

Erste Spiellieder

„Hallo, Kinder, ihr seid da"

Namentliches Begrüßungslied

Material

Spielmaterial für alle Mitspieler
- ◉ Fingerpuppen: tanzen auf den Zeigefingern
- ◉ Chiffontücher: schlenkern
- ◉ Bänderschweife aus Stoffgeschenkband

Spielmaterial für das besungene Kind
- ◉ Kuscheltier auf Rollbrett: Sie fahren von Kind zu Kind
- ◉ Handpuppe: Sie streicheln oder „umspielen" das Kind
- ◉ Tütenkasper: Sie gehen von Kind zu Kind
- ◉ Feder: Sie streicheln Wangen, Hände, Beine
- ◉ Schminkpinsel: Sie streicheln Wangen, Hände und Beine

Lied S. 49

Ein wiederkehrendes, einprägsames Spiellied ist für Kinder ein schöner Einstieg und ein passender Willkommensgruß zu Beginn der Spielzeit. Im Buch finden sich auf Seite 10 und Seite 78 weitere schöne Begrüßungslieder, die allerdings mehr Text beinhalten.

Bei diesem Lied handelt es sich um einen sehr einfachen und einprägsamen Text, der Ihnen und Ihren Kolleginnen einen schnellen Einstieg in den Gesang ermöglicht.
Für die Kleinen hat das Lied einen hohen Wiedererkennungswert und steigert die Freude auf die beginnende Spielstunde.
Kleinste Materialabwandlungen erzielen hier eine große Wirkung, so bleibt die Begrüßung dauerhaft interessant und spannend, aber dennoch vertraut.
Sie haben die Möglichkeit, einen der aufgezeigten Vorschläge für Ihre Kindergruppe auszuwählen, und können diesen entweder über mehrere Wochen hinweg immer gleichbleibend einsetzen oder aber wöchentlich ein anderes Material wählen.

Liedtext Begrüßungslied

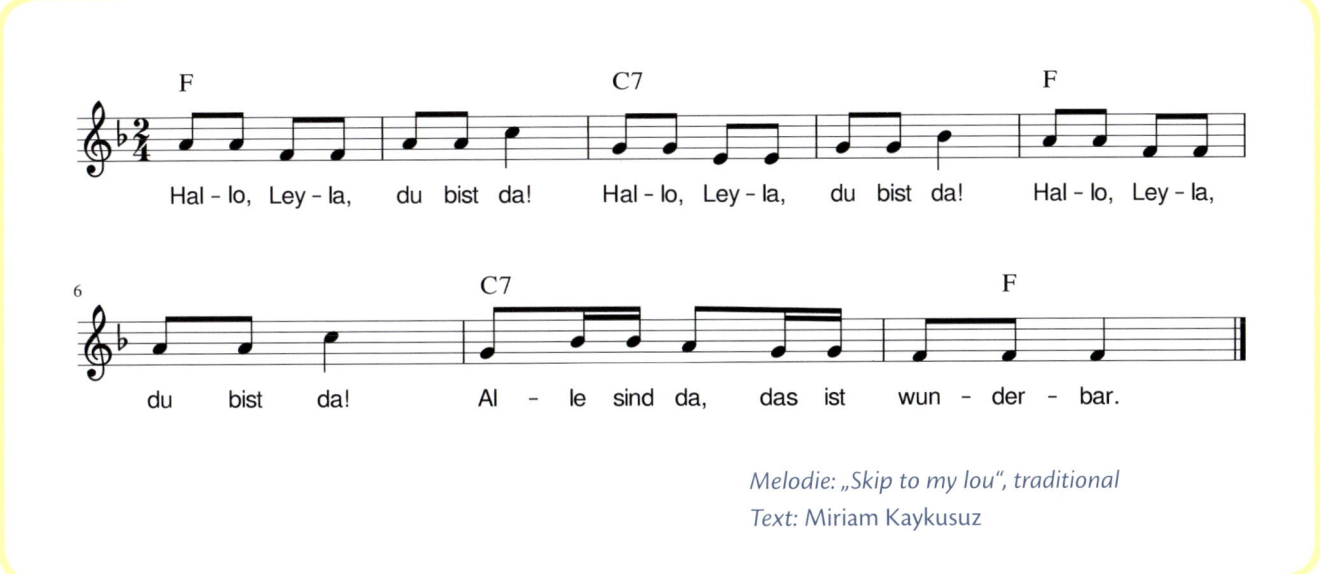

Melodie: *„Skip to my lou", traditional*
Text: *Miriam Kaykusuz*

So geht's

Dieses Lied kann als tägliches Begrüßungsritual genutzt werden: entweder als Beginn des gemeinsamen Frühstücks am Tisch sitzend (jedoch wird es dann nur mit einer Körpergeste begleitet) oder als Beginn eines Morgenkreises. Durch vielfältige Spielmöglichkeiten behält es seine Spannung. Hier finden Sie ein paar weitere Anregungen zur kreativen Umsetzung:

Instrumentenspiel

Zur musikalischen und rhythmischen Begleitung eigenen sich folgende Kleininstrumente:

Instrumente für alle Mitspieler
- **Rassel-Eier**
- **Klanghölzer**
- **Rasseln**
- **Schellenbänder**

Instrument für das jeweilig besungene Kind
- **Regenmacher:** Sie drehen, das Kind hält die Hände daran.
- **Tamburin:** Das Kind schlägt mit dem Schlägel – Sie halten das Instrument.
- **Fingerzimbeln:** Sie stoßen mit Ihrer Zimbel gegen die Zimbel des Kindes.
- **Rührtrommel:** Sie halten mit fest.

Körperspiel
- **klatschen**
- **patschen**
- **winken:** Alle winken dem besungenen Kind zu.
- **schnipsen:** Die Erwachsenen schnipsen mit den Fingern.
- **stampfen:** Bei vorwiegend älteren Kleinkindern stehen alle im Kreis und stampfen laut mit.
- **gehen:** Bei vorwiegend älteren Kleinkindern gehen alle Hand in Hand im Kreis umher.

Meine kleine Welt entdecken

... mit Liedern

 ## Soziale Förderung

- Ich fühle mich geborgen, wenn du mich morgens mit einem Aufstehlied weckst – dann weiß ich, dass unser Tag gemeinsam beginnt.
- Deinen Gesang am Wickeltisch genieße ich sehr – singe für mich und streichele mich dabei behutsam.
- Es macht mir Freude, dein Gesicht zu betrachten, wenn du singst – deine Augen schauen mich an, das Lied und deine Stimme sind mir vertraut, du bist mir nah.

 ## Sprachliche Förderung

- Wiederholt sich dein Gesang an den immer gleichen Orten (Wickeltisch, Bettchen ...), höre ich dir besonders gerne zu – ich finde es spannend, vertraute Worte zu hören und das Lied wiederzuerkennen.
- Dein Gesang, die Nähe deines Gesichtes und die Wiederholung der Liedtexte steigern meine Sprechfreude und fördern mein Sprachverständnis – erst lautiere ich fröhlich mit und bald versuche ich, zu singen.

 ## Motorische und taktile Förderung

- Singst du Körperlieder und berührst dabei verschiedene Körperstellen an mir oder streichelst mich sacht, lerne ich viel über meinen Körper:
  - Körpergrenzen werden mir bewusst (Wo endet mein Körper, wo fängt dein Körper bzw. meine Umwelt an?).
  - Ich interessiere mich für meinen Körper und will ihn selbst untersuchen und bewegen.
  - Meine Eigenwahrnehmung wird gesteigert und ich werde mir meiner selbst bewusster.
- Begleitest du Lieder mit den immer gleichen Bewegungen, wie klatschen, patschen oder winken, versuche ich, dies irgendwann zu imitieren.
- Nutzt du beim Singen verschiedene Materialien im Zimmer, will ich mich gerne dorthin bewegen:
  - ein Luftballon schwebt herab
  - ein Igelball rollt davon
  - eine Feder schwebt hinter ein Versteck

 ## Auditive Förderung

- Durch deinen wiederkehrenden Gesang und die bekannten Lieder/Melodien erhöht sich meine Aufmerksamkeit.
- Begleitest du deinen Gesang mit Instrumenten, entwickelt sich mein Gehör differenziert – ich nehme verschiedene Klänge, Lautstärken und Tempi (langsam – schnell) wahr.
- Versteckst du dich und singst ein kleines Liedchen, will ich dich suchen – mein Gehör „ortet" dich.

© Verlag an der Ruhr | Miriam Kaykusuz | ISBN 978-3-8346-3827-4 | www.verlagruhr.de
Illustration © Christian Bender; Fotolia.com: Icon *Mund, Hand, Auge, Ohr* © Jimena; Icon *Sozial* © Puckung

Wer will fleißige Handwerker sehn

Lied
S. 52

Körperspiel

So geht's

Singen Sie in einem Sitzkreis mit Ihrer Kollegin das bekannte Handwerkerlied und vollführen Sie die Bewegungen, wie auf S. 52 beschrieben, erst einmal an Ihrem eigenen Körper. Säuglinge liegen hierbei, bequem gebettet, am Boden oder liegen im Arm. Ältere Kinder dürfen bereits Ihre Vorgaben an sich selbst imitieren.

Bei der anschließenden Liedwiederholung berühren Sie und Ihre Kollegin Ihren kleinen Sitznachbarn mit den Bewegungen der Strophe. Je nach Ausdauer der Kleinen kann das Lied vielfach wiederholt werden, bis jeder in diesen taktilen Genuss kam. Die Erwachsenen wechseln hierfür Ihren Platz, die Kinder dürfen gemütlich sitzen bleiben.

Materialspiel

> **Material**
> - Stoffsäckchen
> - 2 Holzbausteine pro Kind und Pädagogin

So geht's

Füllen Sie alle Bausteine in das Säckchen und gehen Sie damit reihum im Sitz- oder Stuhlkreis umher. Helfen Sie jedem Kind, sich zwei Steine zu nehmen.

Vor Liedbeginn dürfen die Kinder die Bauklötze erkunden und diese mit Händen und Mund untersuchen. Sie und Ihre Kollegin hantieren ebenfalls in funktioneller Weise mit dem Material, sodass die Kinder imitieren können: beide Klötze aufeinanderstellen, nebeneinander reihen, aufeinanderklopfen, aneinander- oder auf den Oberschenkeln reiben.

Das gesamte Lied wird, rhythmisch klopfend, mit den Holzbausteinen begleitet.

Anschließend werden alle Steine auf einen Haufen gelegt und Sie und Ihre Kollegin bauen damit das nun mehrfach besungene Haus, das von den Kleinen freudig wieder umgeschmissen werden darf.

Liedtext „Wer will fleißige Handwerker sehn"

Musik und Text: traditional

1. Stein auf Stein, Stein auf Stein, ... *rhythmisch und sacht abwechselnd die Fäuste auf die Ober-*
   das Häuschen wird bald fertig sein.   *schenkel drücken*

2. Oh wie fein, oh wie fein, ... *mit dem Zeigefinger ein Viereck oder Rechteck auf Rücken*
   der Glaser hebt die Scheibe ein.   *oder Bauch zeichnen*

3. Tauchet ein, tauchet ein, ... *die flache Hand mit gestreckten Fingern wischt mehrfach*
   der Maler streicht die Wände fein.   *über den Oberkörper hinweg*

4. Zisch, zisch, zisch, zisch, zisch, zisch, ... *beide Hände flach auf die Arme legen, in großen Bewegungen*
   der Tischler hobelt glatt den Tisch.   *hin und her schieben*

5. Poch, poch, poch, poch, poch, poch, ... *die linke Faust 3-mal auf die linke Schulter klopfen,*
   der Schuster schustert zu das Loch.   *danach rechts wiederholen*

6. Stich, stich, stich, stich, stich, stich, ... *den Zeigefinger rhythmisch auf die Nase tippen*
   der Schneider näht ein Kleid für mich.

7. Rühre ein, rühre ein, ... *die flache Hand über Bauch oder Rücken reiben*
   der Kuchen wird bald fertig sein.

8. Trapp, trapp, drein, trapp, trapp, drein, . . . *bei auf den Beinen liegenden Kindern wiegen Sie Ihre Beine*
   jetzt gehen wir von der Arbeit heim.   *hin und her, bei auf dem Schoß sitzenden Kindern wiegen Sie*
         Ihren Oberkörper ausladend hin und her

9. Hopp, hopp, hopp, hopp, hopp, hopp, . . . *bei auf den Beinen liegenden Kindern bewegen Sie Ihre Beine*
   jetzt tanzen alle im Galopp.   *sacht auf und ab, bei auf dem Schoß sitzenden Kindern be-*
         wegen Sie Ihre Beine ausladend auf und ab. Sie können das
         Kind zusätzlich an der Hüfte fassen und mitbewegen.

Unser leckeres Kuchenhaus

Material *(Achten Sie bei allen Zutaten unbedingt auf Allergien!)*

- Teigzutaten für Bisquit oder Rührteig (Menge für zwei Ofenbleche)
- Backutensilien: Schüsseln, Rührgeräte, Löffel, 2 saubere Backbleche, Backpapier, Teigschaber
- Schneidemesser und Brettchen
- Abtropfsieb (falls ein Glas Kirschen verwendet werden soll)
- (saisonales) Obst für Kuchenbelag
- roter Gelee: Johannisbeere, Kirsche, Erdbeere oder Himbeere
- saubere Tischdecke und Kinderschürzen
- Fotoapparat

So geht's

Stellen Sie mit den Kindern nach Rezept einen Teig für beide Bleche her und backen Sie ihn als reinen Boden. Die Zeit des Backens können die Kinder für Freispiel nutzen oder Sie entscheiden direkt, mit den Folgeschritten erst am nächsten Tag weiterzumachen.

Den einen abgekühlten Kuchenboden schneiden Sie am Rand entlang zu einem ordentlichen Rechteck, er stellt das Grundgerüst des Hauses dar. Den anderen Kuchenboden schneiden Sie zu einem dreieckigen Hausdach – die dabei abfallenden Kuchenreste dürfen von den Kindern vernascht werden. Achten Sie darauf, dass die Maße von Haus und Dach zueinander passen.

Nun beginnt das gemeinsame Verzieren mit den Kindern: Bestreichen Sie das Dach mit einem Löffel oder Kuchenpinsel kräftig mit roter Marmelade (wenn Sie sich schlecht verstreichen lässt, kurz im Topf erwärmen. Als Dachziegel können nun entsteinte Kirschen aus dem Glas, Himbeeren oder geviertelte Erdbeeren aufgelegt werden. Auch der Rest des Hauses darf nach Belieben verziert werden: Mit Kiwischeiben als Fenster, Pfirsichstreifen als Tür o. Ä. Sie können mit Pudding fixiert werden oder lose aufliegen. Vor dem Verzehr sollte jedes Kind noch neben dem Kuchenhaus sitzend (oder auf dem Arm gehalten) fotografiert werden. Danach heißt es „Guten Appetit"!

Meine kleine Welt entdecken

... mit dem Lied „Wer will fleißige Handwerker sehn"

 ### Soziale Förderung

- Nimm mich beim Singen in den Arm oder auf den Schoß – ich mag das Handwerker-Spiel auf meiner Haut, aber auch wenn du mir singend ein Haus aus Klötzen baust oder Kinderwerkzeug, saubere Malpinsel oder einen Schneebesen zum Erkunden gibst.
- Stecke dir auch mal eine Fingerpuppe auf jeden Zeigefinger, während des Liedes tanzen dann zwei fröhliche Figuren mit – da schaue ich gerne staunend zu.

 ### Sprachliche Förderung

- Ersetze im Refrain „... der muss zu uns **Kindern** gehn" durch meinen eigenen Namen, „... der muss zu **Selina** gehn" – ich höre gerne meinen Namen und mag es, wenn du von mir singst.
- Dein rhythmisches Klopfen mit Holzbausteinen während des Singens unterstützt mein Sprechenlernen und Sprachverständnis.
- Singe das Lied bei verschiedenen Gelegenheiten: wenn ich an der Kinderwerkbank hantiere, im Sandkasten spiele oder am Wickeltisch liege und du auf meinen Fuß- und Handflächen rhythmisch mitklatschst – ich liebe Wiederholungen.

 ### Motorische und taktile Förderung

- Lasse mich, passend zum Lied, mit Bausteinen, Schneebesen und unbenutztem Malerpinsel und Schminkpinsel hantieren – so übe ich Greifen, Festhalten, beidhändiges Hantieren und Loslassen mit unterschiedlich geformten Materialien.
- Ich mag es, das Lied an meinem Körper zu spüren – so lerne ich meinen Körper besser kennen und spüre einen Körperrhythmus und einzelne Körperteile.

 ### Visuelle Förderung

- Setze oder lege mich dir gegenüber, sodass ich deine Gesten gut sehen kann – wenn deine Fäuste ein Stein-auf-Stein-Legen darstellen und die Hände als Pinsel wischen, beobachte ich das sehr gerne.

Auditive Förderung

- Singe das Lied nicht zu schnell und wiederhole es bei verschiedenen Gelegenheiten für mich – auch wenn ich noch nicht spreche, lerne ich neue Wörter, freue mich an den Reimen und höre gerne deiner vertrauten Stimme zu.

© Verlag an der Ruhr | Miriam Kaykusuz | ISBN 978-3-8346-3827-4 | www.verlagruhr.de
Illustration © Christian Bender; Fotolia.com: Icon *Mund, Hand, Auge, Ohr* © Jimena; Icon *Sozial* © Puckung

Kommt ein Vogel geflogen

Lied
S. 56

Spiellied in verschiedenen Varianten

Hier finden Sie kurzweilige Umsetzungsvorschläge des bekannten Kinderliedes für das Spielen im Sitzkreis am Boden und für Bewegungsspiele im Raum.

So geht's

Sitzkreisspiel mit den Händen:
Singen Sie das Lied gemeinsam mit Ihrer Kollegin im Sitzkreis für die Kinder. Stellen Sie beide das Lied dar, indem Sie jeweils beide Daumen aneinanderlegen und beide Hände mit gespreizten Fingern als Flügel leicht auf und ab bewegen.

Sitzkreisspiel mit Chiffontüchern:
Sie und Ihre Kollegin legen sich **jeweils ein Chiffontuch** mittig über die Hand und schlingen es einmal darum. Links und rechts hängen die Enden als Flügel herunter. Diese Hand bewegt sich während des Singens in der Luft und streift mit den herabhängenden Tuchzipfeln die Füße der Kinder.

Bewegungsspiel mit Federn:
Bereiten Sie vorab für sich und Ihre Kollegin zwei Federketten vor, indem Sie mehrere **Bastelfedern** in etwas Abstand an eine **Schnur** binden.
Während des Gesangs werden die beiden Federketten im Sitzkreis durch die Luft geschwungen und berühren die Kinder zart an freien Hautstellen.
Bei einer anschließenden Liedwiederholung erhält jedes bereits gehende Kind zwei Federn, mit denen es durch den Raum flattern kann. Dabei werden die Arme flügelschlagend auf und ab bewegt. Säuglinge werden auf dem Arm getragen und singend mit einer Feder gestreichelt.

Bewegungsspiel mit Schwungtuch:
Ein **Plüschvogel** liegt auf einem ausgebreiteten **Schwungtuch**, das während des Gesangs auf und nieder bewegt wird. Hier können weitere Erwachsene oder ältere Kinder beim Halten helfen. Das Lied kann erst langsam und bei einer Wiederholung schneller gesungen werden. Auch **Federn** können auf dem Tuch liegen, da sie langsam und lautlos schweben und gut beobachtet werden können.
Die Kleinen können am Rand mit festhalten, aber auch unter dem farbigen Tuch sitzen und dem Farbenspiel staunend zusehen.

Liedtext „Kommt ein Vogel geflogen"

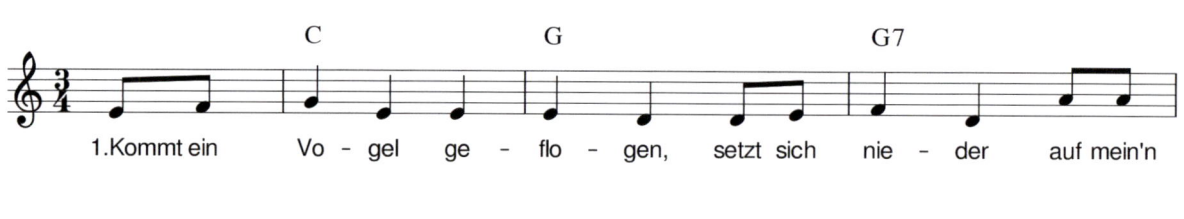

Musik und Text: traditional

2. Lieber Vogel, flieg weiter, bring 'nen Gruß mit und einen Kuss;
   denn ich kann dich nicht begleiten, weil ich hier bleiben muss.

Im Vogelschwarm

Material	
◎	1 Klangholz pro Kind und Pädagogin
◎	1 Schnur pro Kind und Pädagogin, ca. 30 cm lang
◎	schmales Klebeband
◎	2 Bastelfedern pro Kind und Pädagogin
◎	Rührtrommel mit Holzschlägel
◎	4 Turnreifen
◎	Rassel-Eier, Pfeifenreiniger, blaue Chiffontücher und Watte

Vorbereitung

Befestigen Sie links und rechts an jedem Klangholz zwei Bastelfedern, die Sie mit Klebeband fixieren. Anschließend binden Sie die Schnur mittig um das Klangholz und verknoten die Enden, sodass der entstandene Vogel gut gehalten werden kann.

Bauen Sie mithilfe der Turnreifen Stationen im Bewegungsraum auf, die der „Vogelschwarm" zum Ende jeder Strophe ansteuert. Die Rassel-Eier zeigen das Nest an, die Pfeifenreiniger sollen Würmer sein, blaue Chiffontücher bilden die Wasserstelle und mit Wattebahnen kann der Ruheplatz ausgelegt werden.

So geht's

Während Sie den Reim rhythmisch sprechen, bewegen Sie sich mit Ihrem Vogel an der Schnur durch den Raum, die Kinder beobachten oder imitieren Sie – je nach motorischer Fähigkeit. Ihre Kollegin begleitet den Bewegungsreim instrumental mit der Rührtrommel, indem sie den Schlägel kreisförmig im Instrumenteninneren bewegt.

1. **Wir sind ein bunter Vogelschwarm und unsre Flügel sind nicht lahm. Wir fliegen rundherum im Kreise, wohin führt uns denn die Reise?**
Vogeleier sind im Nest,
wir fliegen hin und brüten fest.

2. **Wir sind ein bunter Vogelschwarm ...**
Hungrig wird das Fliegen schwer
und leckre Würmer müssen her.

3. **Wir sind ein bunter Vogelschwarm ...**
Für uns ist der Regen nütze,
schnell geht es zur Wasserpfütze.

4. **Wir sind ein bunter Vogelschwarm, doch unsre Flügel werden lahm. Wir fliegen rundherum im Kreise, sagt! Wo endet unsre Reise?**
Ohne Lärm und viel Rabatz
fliegen wir zum Ruheplatz.
Unsre Äuglein werden klein,
wir schlafen nun gemeinsam ein.

Meine kleine Welt entdecken

... mit dem Lied „Kommt ein Vogel geflogen"

 ### Soziale Förderung

- ⟳ Zeige mir draußen verschiedene Vögel und lasse mich ihrem Zwitschern lauschen.
- ⟳ Nimm mich in den Arm und wiege mich beim Singen – dann bin ich dein kleines Vogelkind.
- ⟳ Ich mag es, wenn du mich mit einer schönen Feder kitzelst und an nackten Hautstellen streichelst.

 ### Sprachliche Förderung

- ⟳ Von bekannten Liedern und deiner Stimme kann ich nicht genug bekommen – singe mir das Lied bei verschiedenen Gelegenheiten immer wieder vor (an der Fensterscheibe, beim Spaziergang, auf dem Wickeltisch, beim Spiel mit einem Plüschvogel oder beim Zubettgehen).
- ⟳ Gib mir einen Spielvogel und beschreibe ihn für mich – er hat Flügel, Augen, Krallen, frisst gerne leckere Würmer und zwitschert.

 ### Motorische und taktile Förderung

- ⟳ Hantiere während des Singens auch einmal mit passenden Materialien: einer Bastelfeder, einem schönen Tuch oder Plüschvogel – ich möchte sie ergreifen und untersuchen, während du singst.
- ⟳ Gehe singend im Zimmer umher und trage mich dabei als dein Vogelkind im Arm – ich spüre deinen Körper an mir, fühle mich sicher und weiß, dass du mich lieb hast.

 ### Visuelle Förderung

- ⟳ Schaue mich beim Singen an, denn ich möchte deinen Mund und deine Augen während des Singens beobachten und deinem Gesicht ganz nahe sein.
- ⟳ Gemeinsam wollen wir draußen Vögel beobachten – vielleicht gibt es auch welche in meinen Bilderbüchern zu sehen?

Auditive Förderung

- ⟳ Das Lied bleibt für mich abwechslungsreich, wenn du anstelle des Singens die Melodie summst oder pfeifst und statt des Textes die Melodie mit „Lala ..." singst.
- ⟳ Begleite dein Singen mit einem Instrument, z. B. einem Rassel-Ei oder Klanghölzern.
- ⟳ Lass uns dem Vogelzwitschern lauschen – gibt es in der Nähe einen Vogelpark?

© Verlag an der Ruhr | Miriam Kaykusuz | ISBN 978-3-8346-3827-4 | www.verlagruhr.de
Illustration © Christian Bender; Fotolia.com: Icon *Mund, Hand, Auge, Ohr* © Jimena; Icon *Sozial* © Puckung

Hopp, hopp, hopp! Pferdchen, lauf Galopp

Lied
S. 60

Eine kleine Themenstunde

> **Material**
> - Plüschpferd
> - Themenmaterial, wie etwas Heu/Stroh, Spielkarotte
> - kleine Stofftasche, CD-Spieler und flottes Instrumentalstück
> - 1–2 Schellenbänder pro Kind und Pädagogin (am besten mit Klettverschluss)
> - bunte Krepppapier-Bänder in verschiedenen Farben und Tacker

So geht's

Einstieg: Hallo, Pferdchen

Sie und Ihre Kollegin befinden sich im Sitzkreis verteilt zwischen den Kindern und reichen „wiehernd" ein Plüschpferd umher. Die Kleinen dürfen es befühlen und erkunden.

Stellen Sie anschließend die Tierfigur in die Mitte und rascheln Sie mit dem in der Stofftasche versteckten Stroh bzw. Heu. Jedes Kind darf auch hier reihum in die Tasche schauen und mit dem Material rascheln. Legen Sie etwas Stroh/Heu neben das Plüschpferd. Als Letztes zaubern Sie noch eine Spielkarotte (z. B. aus der Kinderküche) hervor, klopfen damit auf dem Boden und legen Sie zu den bisherigen Spielmaterialien.

Benennen Sie die Materialien, erzählen Sie von Pferden und geben Sie in einem kleinen Rollenspiel mittels der Plüschfigur einfache Sachinformationen weiter: lebt im Stall, frisst Heu/Karotten/Äpfel, liegt gerne im Stroh, wiehert, kann gehen/traben/galoppieren, hat ein zartes Fell, vier Beine mit Hufen.

Instrumentalspiel: Klingende Hufe

Ziehen Sie sich und den Kindern die Schellenbänder an die Fußgelenke. Säuglinge und Krabbelkinder können eines am Handgelenk tragen zum Erkunden und Betrachten.

Während des bekannten Liedes stehen die bereits laufenden Kinder und die Erwachsenen Hand in Hand im Kreis und stampfen rhythmisch zum Gesang (bei Schlussrefrain etwas schneller). Säuglinge liegen sicher gebettet in der Kreismitte und lauschen dem klingenden Fußspiel.

Bewegungsspiel: Tanzender Schweif

Tackern Sie jeweils vier bis sechs farbige Krepppapierstreifen (ca. 30 cm lang und 3 cm breit) aneinander. Achtung, in Verbindung mit Spucke färbt das Krepppapier stark ab (s. Hinweis auf S. 60).

Stecken Sie die Bänder hinten an Ihren und an den Hosenbund der Kleinkinder. Auch ein Mitführen in der Hand ist möglich. Alle galoppieren mit flatterndem Schweif gemeinsam durch den Raum. Nehmen Sie und Ihre Kollegin bei Bedarf Kinder an die Hand bzw. Säuglinge auf den Arm. Singen Sie entweder erneut das Pferdchen-Lied oder lassen Sie nun als Variante ein flottes Instrumentalstück von der CD laufen.

Hinweis

Anstelle der Kreppbänder können Sie auch eine langlebigere Variante gestalten. Binden Sie mehrere farbige Geschenkbänder aus Stoff an Gardinenringe oder Drahtringe (für Schlüssel, ca. 5 cm Durchmesser). Nichts verfärbt oder zerreißt und die Bänder können immer wieder verwendet werden. Hiermit sollten die Kinder aber nur unter Aufsicht spielen.

Liedtext „Hopp, hopp, hopp! Pferdchen, lauf Galopp"

1.Hopp, hopp, hopp! Pferd-chen, lauf Ga - lopp! Ü - ber Stock und

ü - ber Stei - ne, a - ber brich dir nicht die Bei - ne!

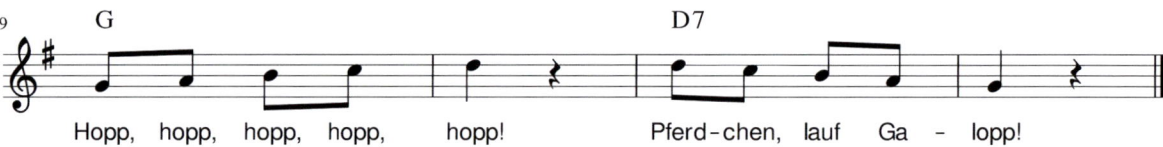

Hopp, hopp, hopp, hopp, hopp! Pferd-chen, lauf Ga - lopp!

2. Tipp, tipp, tapp! Wirf mich ja nicht ab.
   Zähme deine wilden Triebe,
   Pferdchen, tu's mir ja zuliebe,
   wirf mich ja nicht ab! Tipp, tipp, tipp, tipp, tapp!

3. Brr, brr, he! Steh, mein Pferdchen, steh!
   Sollst noch heute weiterspringen,
   muss dir nur erst Futter bringen!
   Steh, mein Pferdchen, steh! Brr, brr, brr, brr, he!

4. Ja, ja, ja! Ja, nun sind wir da!
   Diener, Diener, liebe Mutter!
   Findet auch mein Pferdchen Futter?
   Ja, ja, ja, ja, ja! Ja, nun sind wir da!

Musik und Text: traditional

Meine kleine Welt entdecken

... mit dem Lied „Pferdchen, lauf Galopp"

 ## Soziale Förderung

- Ich möchte gerne dein Reiter sein – auf deinem Schoß, deinem Rücken oder wippend auf einem großen Gymnastikball.
- Ein Spielpferd aus Plüsch oder Holz gefällt mir – ich will es streicheln und festhalten.
- Wenn du das Pferdchen versteckst, bin ich neugierig und freue mich, wenn es wieder auftaucht – vielleicht kann ich auch schon selbst auf die Suche gehen?

 ## Sprachliche Förderung

- Erzähle mir etwas über Pferde und zeige es mir auch mit einem Spielpferd – z. B. „Es frisst gerne Karotten, Heu und Brot, wird gerne gestriegelt, kann wiehern, im Schritt, Trab und Galopp gehen, sich am Boden wälzen und schmusen, schläft im Stall ..."
- Wiederholst du dieses Lied bei verschiedenen Gelegenheiten in unterschiedlicher Art und Weise, dann verstehe ich besser, wovon du singst, und ich lerne (auch ohne Sprechen) neue Wörter:
  - Begleite dein Singen mit einem Instrument.
  - Hantiere mit einem kleinen Spielpferd.
  - Nimm mich auf den Schoß für ein Kniereiterspiel.
  - Trage mich singend und „galoppierend" auf dem Rücken mit.

 ## Motorische und taktile Förderung

- Achte beim Kniereiterspiel darauf, ob ich schon gut sitzen und meinen Kopf stabil halten kann, denn sonst tut es mir weh – kann ich es noch nicht so gut, dann halte mich sacht im Arm und streichel mich singend oder berühre mich mit dem Pferdchen.
- Kann ich schon laufen, dann stecke mir ein Tuch hinten in den Hosenbund – das ist mein Pferdeschwanz, mit dem ich umherrenne.

 ## Visuelle Förderung

- Lasse beim Singen ein Plüschpferd sacht auf mir mitreiten – das sieht lustig aus.
- Beim Singen beobachte ich ganz intensiv deine Mimik und schaue in deine Augen – so lerne ich, deine Gesichtsausdrücke und Gefühle besser einzuordnen.

 ## Auditive Förderung

- Häufiges Singen und Musizieren hilft mir, mich immer besser auf deine Stimme und das Instrument zu konzentrieren – meine Hörfähigkeit entwickelt sich differenziert und ich kann später Geräusche besser zuordnen und mich auf Gehörtes konzentrieren.

© Verlag an der Ruhr | Miriam Kaykusuz | ISBN 978-3-8346-3827-4 | www.verlagruhr.de
Illustration © Christian Bender; Fotolia.com: Icon „Mund, Hand, Auge, Ohr" © Jimena; Icon „Sozial" © Puckung

Entdeck mit mir die Welt!

Singend durch den Tag

Kurze Singspiele begleiten das Kind

So geht's

Auf den folgenden zwei Seiten finden Sie verschiedene kurze Liedpassagen, die ohne viel Aufwand spielerisch in den Tagesablauf der Kleinen integriert werden können. So werden wiederkehrende Tätigkeiten, wie das Händewaschen vor dem Frühstück oder Mittagessen, das Aufräumen vor der Abholzeit, der Beginn der Mittagsruhe etc., gesanglich begleitet. Alle Liedspielereien werden stets zur Melodie von **„Bruder Jakob"** gesungen. Der wiederkehrende Gesang durch die vertraute Bezugsperson und das Besingen der bekannten Tätigkeiten hat einen hohen Aufforderungscharakter und steigert die Motivation bei sonst phasenweise eher unbeliebten Tagesrhythmen. Kopieren Sie diese beiden Seiten auch für die Eltern als Zusatz zu der Elternseite *Meine kleine Welt entdecken*, damit manche Alltagshürde auch zu Hause gut gemeistert werden kann.

Liedtext „Guten Morgen, liebes Kind"

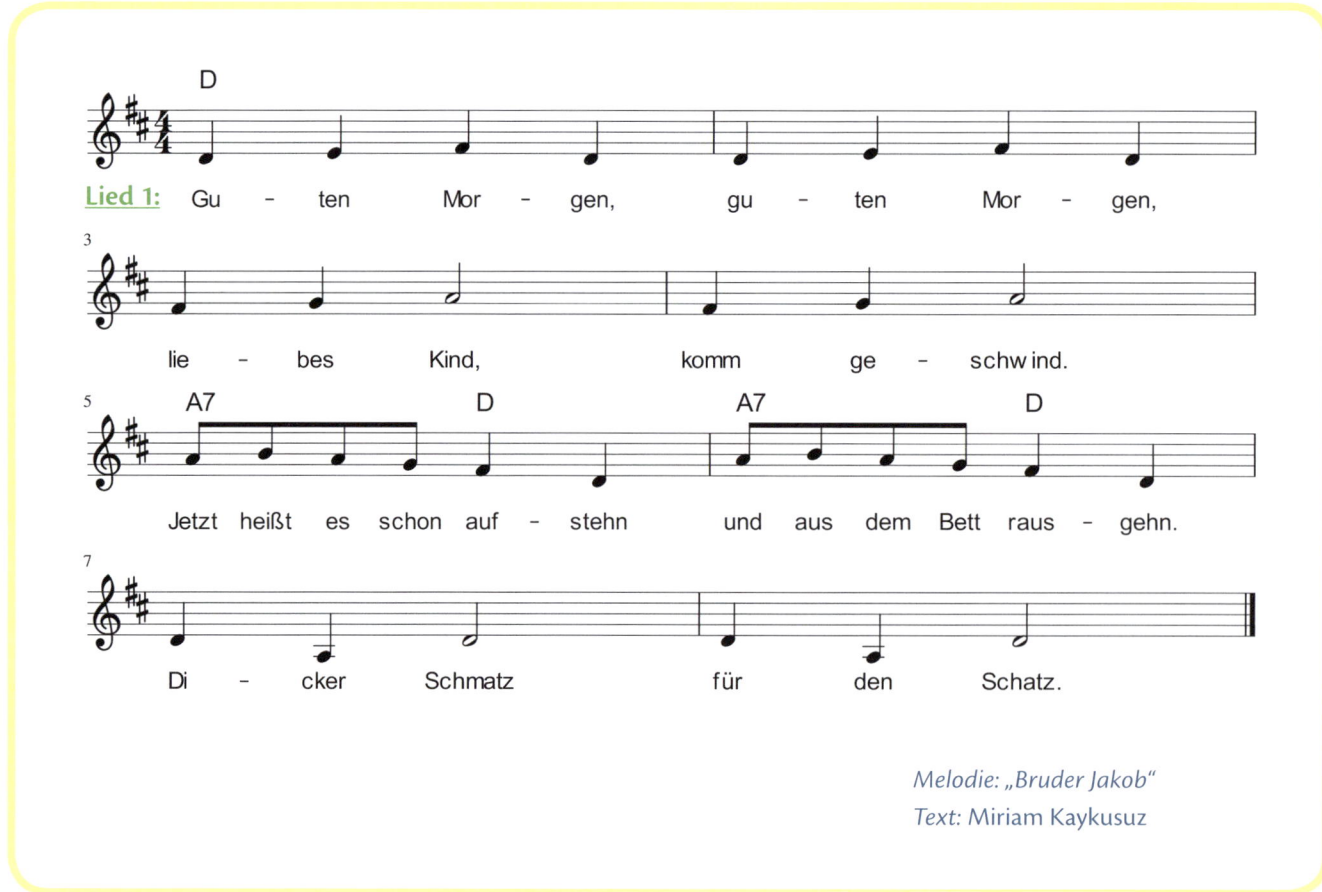

Lied 1: Gu - ten Mor - gen, gu - ten Mor - gen, lie - bes Kind, komm ge - schwind. Jetzt heißt es schon auf - stehn und aus dem Bett raus - gehn. Di - cker Schmatz für den Schatz.

Melodie: „Bruder Jakob"
Text: Miriam Kaykusuz

Weitere Strophen

Lied 2: Unser Frühstück auf dem Tisch
Unser Frühstück, unser Frühstück
auf dem Tisch ist ganz frisch.
Gabel, Löffel, Teller,
ich decke immer schneller.
Aufgeschleckt, denn es schmeckt.

Lied 3: Zähneputzen wollen wir
Zähneputzen, Zähneputzen
wollen wir im Mund hier.
Die Bürste reingeschoben,
die Mama/der Papa/Name d. Erzieherin
wird dich loben.
Schrubb schnell weg diesen Dreck.

Lied 4: Kindergarten, geht schon los
Kindergarten, Kindergarten
geht schon los, du bist groß.
Schnell in die Jacke schlüpfen
und in die Schuhe hüpfen.
Die Spielzeit ist so weit.

Lied 5: Hallo, ..., du bist da
Hallo .... hallo ....,
du bist da, wunderbar.
Wie schön, dass du heut hier bist,
sonst wäre unser Tag trist.
Komm herein und tritt ein.

Lied 6: Alle essen, hier am Tisch
Alle essen, alle essen,
hier am Tisch, komm setz dich.
Was duftet hier so lecker,
gibt es gleich ein Geklecker?
Essen her, bitte sehr.

Lied 7: Hände waschen noch zum Schluss
Hände waschen, Hände waschen,
noch zum Schluss, ist ein Muss.
Wir machen ganz viel Schaum,
den Dreck sieht man dann kaum.
Wasser an, Hände dran.

Lied 8: Müde Augen
Müde Augen, müde Augen,
haben wir alle hier.
Wir machen uns bereit für unsre Ruhezeit.
Kuscheltier schläft bei mir.

Lied 9: Spielzeitende ist nun da
Spielzeitende, Spielzeitende
ist nun da, ist doch klar.
Du gehst dann schon nach Hause,
das Spielen hat jetzt Pause.
Schön war's hier heut mit dir.

Lied 10: Kleider ausziehn werden wir
Kleider ausziehn, Kleider ausziehn
werden wir, ich helf dir.
Pulli, Hose, Socken,
das alles ist noch trocken.
Schlafsack an, Nachtlicht dann.

Lied 11: Schlafe ein, träume fein
Schlafe ein, schlafe ein,
träume fein, mein Kindlein.
Lieb streicheln und ein Kuss,
das mögen wir zum Schluss.
Schlafe ein, mein Kindlein.

Meine kleine Welt entdecken

... mit Liedern im Tagesverlauf

 ### Soziale Förderung

- Ein wiederkehrendes Abschiedslied (z. B. abends) gibt mir Entspannung, Wohltat und die Sicherheit, dass du wieder zu mir zurückkommst.

 ### Sprachliche Förderung

- Wenn ich Lieder regelmäßig höre, versuche ich vielleicht bald schon, mit Lauten oder Worten mitzusingen.

 ### Motorische und taktile Förderung

- Sei mir bei diesen Singritualen ganz nah und nimm mich in den Arm, schaue mich an und streichle mich – der Hautkontakt mit dir tut mir gut und stärkt unsere Bindung.
- Spielen deine Hände die immer gleichen Bewegungen (klatschen, winken), will ich sie vielleicht bald schon imitieren.

 ### Visuelle Förderung

- Bei einem stets wiederkehrenden, kleinen Lied kann es spannend sein, wenn du es mit den passenden Körpergesten begleitest.

 ### Auditive Förderung

- Ich mag Sprach- und Spielwiederholungen. Deswegen kann ich bald schon verstehen, dass ich nun Hände waschen oder schlafen gehen soll.
- Meine Ohren lauschen gespannt, wenn auch mal leise Instrumente zum Einsatz kommen, wie Rassel-Ei, Fingerzimbeln oder eine Cime.

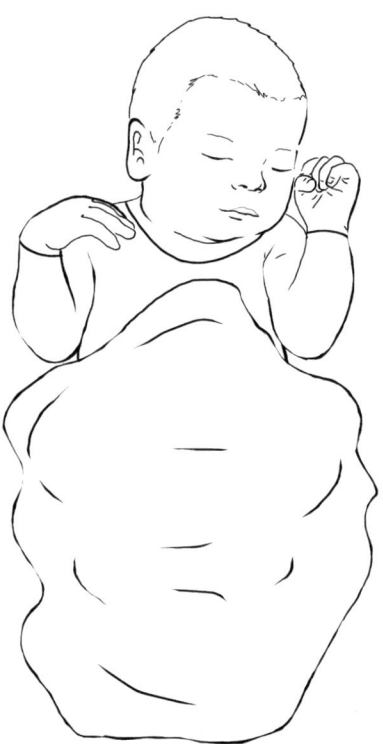

© Verlag an der Ruhr | Miriam Kaykusuz | ISBN 978-3-8346-3827-4 | www.verlagruhr.de
Illustration © Christian Bender; Fotolia.com: Icon *Mund, Hand, Auge, Ohr* © Jimena; Icon *Sozial* © Puckung

4. Kapitel

Erste Körperspiele

Von den Fingern bis zur Schulter

Pinselmassagespiel „Hexenbesen schwebt herbei"

Material
- 1 Pinsel pro Pädagogin: dicker Schminkpinsel, unbenutzter Malerpinsel, zarter Borstenpinsel
- Hexenhut, falls vorhanden
- weitere saubere Pinsel

So geht's

Mit einem Hexenhut auf dem Kopf und dem Spruch „Hokus pokus eins-zwei-drei, der Hexenbesen schwebt herbei" zaubern Sie hinter Ihrem Rücken den ersten Pinsel hervor und lassen ihn als Besen durch die Luft zu Ihrer Kollegin schweben. Wiederholen Sie den Hexenspruch für Ihren eigenen Pinsel.
Während der Reimgeschichte streichen Sie und Ihre Kollegin in der vorgegebenen Weise über die Hände der Kinder. Die Geschichte kann gerne abgelesen werden. Wiederholen Sie die Geschichte für den Kinderwechsel. Halten Sie für die Kinder weitere Pinsel bereit, sodass diese während des Reims selbst damit spielen können!

Hokus pokus eins-zwei-drei, ... *Lassen Sie Ihren Pinsel im Blickfeld der Kinder waagrecht*
der Hexenbesen schwebt herbei. *durch die Luft schweben;*
Ach, wie staubig jede Hand,
das ist wirklich allerhand. .... *betrübte Stimme und Blick*

...
Alle Finger gründlich kehren, ... *Finger beider Hände in der Innenseite abkehren*
keiner soll sich hier beschweren.

...
Kreisen auch in den Handflächen, ... *kreisende Bewegungen in den Handinnenflächen*
Hexenbesen nicht zerbrechen. *vollführen*

...
Außen wird die Hand noch rein, ... *Handflächen wenden und gründlich mit dem Pinsel*
das soll nicht vergessen sein. *säubern (Handrücken und Finger)*

Massagespiel „Hungrig ist die kleine Maus"

So geht's

Stellen Sie und Ihre Kollegin den kleinen Reim wie beschrieben am Oberkörper je eines Kindes dar. Ihr Zeigefinger stellt die kleine Maus dar, die auf ihrer Futtersuche über das Kind hinwegkrabbelt. Bei einer Wiederholung wandern Sie zu einem anderen Kind.

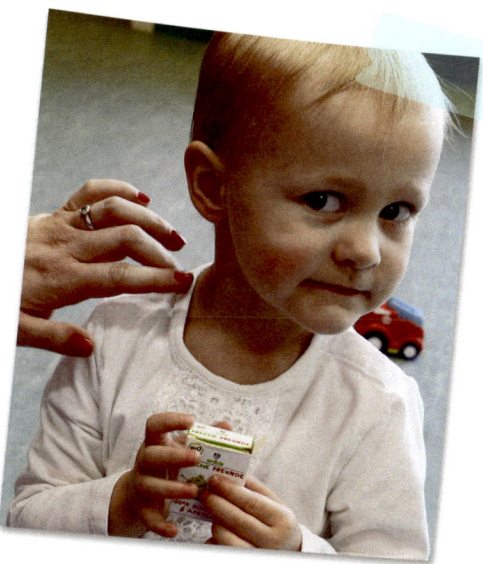

Diese graue Maus ist klein, ... passt in meine Hand hinein.	*Der Zeigefinger wackelt in Augenhöhe des Kindes und kitzelt in einer Handfläche;*
Krabbelt auf dem Arm entlang, ... zur Schulter hoch, es wird ihr bang.	*von dort bewegt sich der Finger tippelnd den Arm entlang bis zur Schulter hinauf;*
Hungrig ist das Tierlein sehr, ... leckre Körner müssen her.	
Schnell zur zweiten Schulter rüber, ... diese Seite mag sie lieber.	*der Finger bewegt sich „suchend" auf der Schulter umher;*
	der Zeigefinger wandert von einer Schulter, am Hals/ Nacken entlang, zur anderen Schulter;
Gar kein Futter hier zu finden, ... deshalb will sie hier verschwinden.	*der Finger bewegt sich auch auf dieser Schulter suchend umher;*
Flink am langen Arm hinunter, ... unser Mäuschen ist ganz munter.	*von der Schulter am Arm entlang hinab zur Hand krabbelt die kleine Finger-Maus;*
Schnüffelt nun in deiner Hand, ... noch kein Körnchen sie hier fand.	*in der nun anderen Handinnenfläche als zu Beginn des Reims mit dem Finger kitzeln;*
Auf jeden Finger tippelt sie, ... müde wird sie dabei nie.	*der Zeigefinger hüpft nacheinander auf jeden der zehn Finger;*
Ach, im Ärmel hier versteckt .... leckre Körner sie entdeckt.	*mit dem Zeigefinger ein Stück in den Pulloverärmel schlüpfen und die Haut kitzeln;*
Leise wird sie und schläft ein, ... bei dir kann es gemütlich sein.	*Fingerbewegungen und das Sprechen verlangsamen sich.*

Meine kleine Welt entdecken

... von den Fingern bis zur Schulter

 ### Soziale Förderung

- Streichelst du meine Arme, Hände, Schultern und den Hals, bin ich dir sehr nah und genieße die Nähe zu dir – berühre mich dort auch mit verschiedenen Materialien, wie einem Igelball, einem weichen Schminkpinsel, Kindercreme oder einer Feder.
- Setze dich mit mir vor den Spiegel, damit ich mich auch selbst beobachten kann bei deinem Streichelspiel.

 ### Sprachliche Förderung

- Benenne die Körperteile, die du an mir berührst, und auch, was sie alles können – die Finger können wackeln, die Hände klatschen und winken, die Arme fliegen usw.
- Singe passende Spiellieder, damit ich meinen Körper noch besser kennenlerne („Zehn kleine Zappelfinger", „Hände waschen" o. Ä.).

 ### Motorische und taktile Förderung

- Durch deine Berührungen spüre ich intensiv meine Haut und meine Körpergrenzen – ich werde ruhig und lausche deiner Stimme.
- Ein anderes Körperempfinden habe ich mit Schaum und Wasser in der Badewanne – auch das spüre ich gern.
- Je besser ich meine Arme, Hände und Finger durch deine Berührungen wahrnehmen und kennenlernen kann, desto differenzierter und interessierter werde ich sie bewegen.

 ### Visuelle Förderung

- Du zeigst mir Details, wie Finger, Handflächen, Handrücken, Arme und Schultern – ich lerne viel über meinen eigenen und auch deinen Körper.
- Am Spiegel sitzend, kann ich dich und mich selbst gut beobachten – streichele mich dort doch auch mal mit einer Feder oder lasse einen Igelball an mir entlangrollen.

 ### Auditive Förderung

- Rolle ein Rassel-Ei von den Fingern bis zur Schulter auf mir entlang – das interessiert mich, ich höre dem Geräusch zu und kann ihm mit Blicken folgen.
- Ich höre die Unterschiede, wenn du auf meinen Fingern, Händen, Armen und Schultern entlangreibst, behutsam darauf patschst oder pustest – schön für meine Ohren und meine Haut.

© Verlag an der Ruhr | Miriam Kaykusuz | ISBN 978-3-8346-3827-4 | www.verlagruhr.de
Illustration © Christian Bender; Fotolia.com: Icon *Mund, Hand, Auge, Ohr* © Jimena; Icon *Sozial* © Puckung

Kleine Füße, lange Beine

Fußmassagespiel „Links und rechts wackelt ein Fuß"

> **Material**
> - 1 Schminkpinsel pro Pädagogin
> - 1 Feder pro Pädagogin
> - 1 Kugel pro Pädagogin (große Murmel, Wattekugel oder Tischtennisball)
> - 1 Materialschälchen pro Pädagogin

So geht's

Die Kindergruppe sitzt in einem Kreis am Boden, Sie und Ihre Kollegin befinden sich im Inneren. Stellen Sie sich selbst und jeder Kollegin ein Materialschälchen bereit, mit je einer Feder, einem Schminkpinsel und einer Kugel gefüllt. Während dieser taktilen Massage, bei der die Kleinen bestenfalls barfuß sind, wird stets das im Reim genannte Material genutzt und nach der Strophe wieder in das Schälchen zurückgelegt. Wackeln Sie zu Beginn sanft an den Füßen der Kinder. Kurze Pausen zwischen den Strophen ermöglichen einen längeren taktilen Genuss des Materials. Obwohl

es in den Strophen heißt „überall umher", sind hier ausschließlich die Füße gemeint mit Zehen, Fersen, Fußrücken und Sohle. Jede Pädagogin berührt während des Massagespiels mehrere Kinder. Kopieren Sie den Reim und das anschließende Spiellied auch für Ihre Eltern.

1. Links und rechts wackelt ein Fuß für einen ganz besondren Gruß.
   Spürt genau und seid gespannt, denn wir erleben allerhand.

2. Die zarte Feder schwebt heran, damit ich sie gut sehen kann.
   Sie streichelt überall umher, ein jeder Fuß genießt das sehr.

3. Der weiche Pinsel schwebt heran, damit ich ihn gut sehen kann.
   Er streichelt überall umher, ein jeder Fuß genießt das sehr.

4. Die kleine Kugel rollt heran, damit ich sie gut sehen kann.
   Sie kullert überall umher, ein jeder Fuß genießt das sehr.

5. Die große Hand krabbelt heran, damit ich sie gut sehen kann.
   Sie streichelt überall umher, das Streichelspiel genoss ich sehr.

Taktiles Spiellied „Meine beiden lieben Beine"

Hier finden Sie zwei Umsetzungsideen für ein Wahrnehmungsspiel rund um das Thema Beine. Diese können während einer einzigen Spieleinheit hintereinander weg durchgeführt werden oder losgelöst voneinander an unterschiedlichen Tagen.

So geht's

Sitzkreisspiel:

Führen Sie mit Ihrer Kollegin die Tätigkeiten aus dem Text rechts an den möglichst nackten Beinen der Kinder aus. Die Strophe nach der bekannten Melodie wiederholt sich mehrfach und je nach Tätigkeit mit abgewandeltem Text. Weitere Tätigkeiten können sein: kitzeln, tippen, streichen, patschen.

Bewegungsspiel:

Während der rechts abgedruckten Liedstrophe, die sich ebenfalls je nach Bewegungsform im Text ändert, bewegen Sie und Ihre Kollegin sich mit Ihren Kindern tanzend, stampfend, drehend, hüpfend oder tippelnd durch den Raum. Die ganz Kleinen werden getragen.
Schellenbänder an den Fußgelenken erhöhen die Bewegungsfreude und bescheren ein zusätzliches Klangerlebnis.

> Meine beiden lieben Beine, spielt mit mir
> ein Spiel, ihr könnt schon so viel.
> **Reiben** fühlt sich sehr schön an,
> weil ich das gut spüren kann.
> **Reiben** fühlt sich sehr schön an,
> weil ich's spüren kann.

> Meine beiden lieben Beine, spielt mit mir
> ein Spiel, ihr könnt schon so viel.
> Wir **tanzen** nun froh umher,
> keinem fällt das heute schwer.
> Wir **tanzen** nun froh umher,
> keinem fällt das schwer.

Liedtext „Meine beiden lieben Beine"

Melodie: „Fuchs, du hast die Gans gestohlen"
Text: Miriam Kaykusuz

Meine kleine Welt entdecken

... mit meinen Füßen und Beinen

 ### Soziale Förderung

- Ein behutsames Spiel mit meinen Füßen und Beinen macht mir Freude und ich fühle mich bei dir geborgen.
- Bei Berührungen meiner nackten Füße und Beine lerne ich viel über meinen Körper.
- Hole ein Materialpärchen und lege es für unser taktiles Spiel bereit, z. B. zwei dünne Tücher, zwei Igelbälle, ein Klangholzpaar, zwei Federn, zwei Wattebäusche oder zwei Rassel-Eier – mit einem Material berührst du meine Beine und Füße, das andere erkunde ich selbst.

 ### Sprachliche Förderung

- Bei dem Reimspiel „Links und rechts wackelt ein Fuß" lerne ich meine Füße kennen und halte sie ganz still – deine Berührungen genieße ich und deine Stimme dazu höre ich gern.
- Singe für mich flotte Bewegungslieder, bei denen ich, an deiner Hand oder in deinem Arm liegend, mitrenne, hüpfe, tanze und stampfe – toll für das Sprechenlernen.

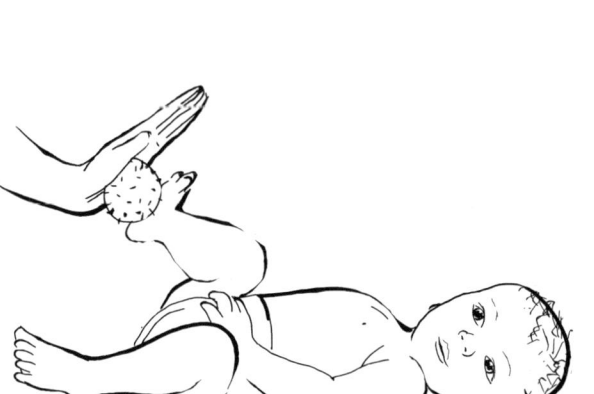

 ### Motorische und taktile Förderung

- Ich mag es, wenn du von meinem Fuß sprichst und ihn an verschiedenen Stellen berührst – ich lerne meine Zehen, Fußsohlen, Fußrücken und Fersen kennen.
- Ich lerne meine Beine vielfältig kennen, indem ich erlebe:
  - was deine Hände darauf machen können (reiben, streicheln, kitzeln, patschen),
  - wie sie sich in verschiedener Weise bewegen können (krabbeln, gehen, hüpfen),
  - wie sich meine Haut bei der Berührung durch unterschiedliche Materialien anfühlt.

 ### Visuelle Förderung

- Ich beobachte dich, wie du mit deinen Händen und Materialien an mir hantierst, dazu sprichst und singst – so entdecke ich mich selbst auf ganz vielfältige Weise und merke mir Neues noch besser.
- Deine Berührungen und dazu passende Körper- und Bewegungslieder wecken die Neugier auf meinen eigenen Körper – ich möchte auch meine Füße berühren und Beine bewegen und verschiedene Gegenstände daran reiben und spüren.

 ### Auditive Förderung

- Lege kleine Tastsäckchen (gefüllt mit Dinkel, Sand oder Kirschkernen) auf meinen nackten Beinen und Füßen ab – ich patsche mit dir laut darauf und schüttele sie immer wieder raschelnd herunter.
- Ziehe mir Schellenbänder oder kleine Glöckchen an die Fußgelenke und bewege dich mit mir im Zimmer umher – bin ich noch zu klein, dann halte mich im Arm und ziehe dir selbst Schellen an die Fußgelenke.

© Verlag an der Ruhr | Miriam Kaykusuz | ISBN 978-3-8346-3827-4 | www.verlagruhr.de
Illustration © Christian Bender; Fotolia.com: Icon *Mund, Hand, Auge, Ohr* © Jimena; Icon *Sozial* © Puckung

Auf Bauch und Rücken ist was los

Taktiles Reimspiel „Viele Tiere zu Besuch"

So geht's

Jede Pädagogin setzt sich hinter ein Kind im Sitzkreis und hantiert, dem Reim entsprechend, auf dessen Rücken. Es können mehrere Wiederholungen und Kinderwechsel stattfinden. Säuglinge werden am Boden liegend oder im Arm auf dem ganzen Körper berührt.

1. Liebes Nilpferd, komm mal her
und stampf auf meinem Rücken hier.
Dick und schwer läuft dieses Tier
und macht einen Besuch bei mir.

   Drücken Sie Ihre Faust mehrfach an verschiedenen Stellen des Rückens auf.

2. Liebes Mäuschen, komm mal her
und tippel auf dem Rücken hier.
Flink und leise läuft das Tier
und macht einen Besuch bei mir.

   Tippeln Sie mit dem Finger einer Hand munter am Rücken umher.

3. Liebe Schlange, komm mal her
und schlängel auf dem Rücken hier.
Schmal und lang läuft dieses Tier
und macht einen Besuch bei mir.

   Legen Sie die Hand mit der Kante auf und schieben Sie diese als schmale Schlange umher.

4. Lieber Igel, komm mal her
und krabbel auf dem Rücken hier.
Spitz und schnell läuft dieses Tier
und macht einen Besuch bei mir.

   Zur Darstellung von Igelstacheln zupfen Sie sanft mit Daumen und Zeigefinger an mehreren Stellen des Rückens.

5. Liebes Fischchen, komm mal her
und schwimme auf dem Rücken hier.
Sanft und wendig schwimmt das Tier
und macht einen Besuch bei mir.

   Legen Sie Ihre Hand flach auf den Rücken des Kindes und ziehen Sie Bahnen.

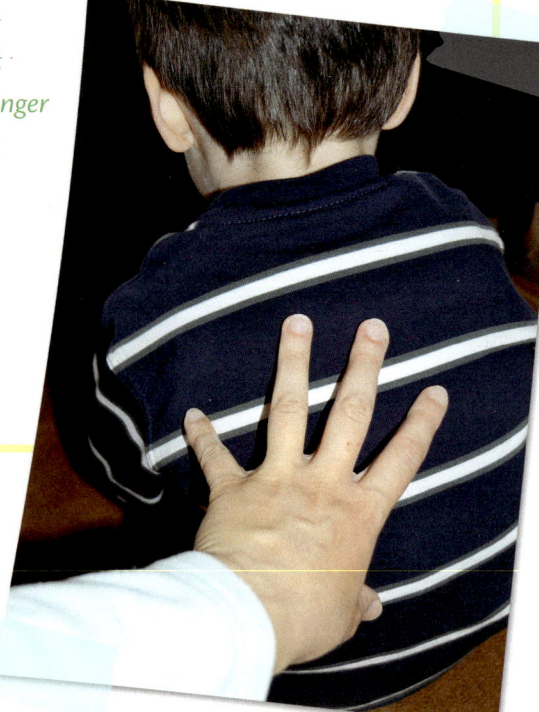

Weitere taktile Spielideen rund um Rücken und Bauch

So geht's

Cremespielerei

Sie und Ihre Kollegin malen den Kindern im Sommer mit **Sonnencreme** einfache Motive auf den nackten Bauch, die Sie dann gemeinsam großflächig verreiben. Motive können sein: Flugzeug, Sonne, Regentropfen, Schlange, Strichmännchen, Mond, Gesicht.

Igelrennen

Rollen Sie und auch Ihre Kollegin einen **Igelball** mal langsam, mal schnell, mal in geraden Bahnen, mal kreuz und quer über Rücken und Bauch eines vor Ihnen sitzenden Kindes.

Hier kann ein flottes Instrumentalstück im Hintergrund mitlaufen oder Sie singen ein Igellied dazu, beispielsweise: „Igelchen, Igelchen, schau mal ins Spiegelchen". Ältere Kleinkinder können auch schon selbst am eigenen Bauch mitrollen.

Kleines Schiffchen

Eine stabile **Wolldecke** liegt am Boden, sodass sich ein Kind allein oder mit Ihrer Hilfe darauflegen kann. Sie und Ihre Kollegin stehen jeweils an den schmalen Tuchseiten und greifen die beiden Ecken zu Ihren Füßen.

Heben Sie die Decke vorsichtig in die Luft und beobachten Sie genau die Mimik des liegenden Kindes. Ängstliche Kinder müssen hier natürlich nicht mitspielen. Ein langsames Schaukeln hin und her findet statt. Das Kind wird von der Decke eng umhüllt und spürt intensiv seinen Rücken und seine Körperbegrenzungen. Ein kleines, vertrautes Wiegelied kann hier Sicherheit schaffen, z. B. „Hin und her, hin und her, die Lotta schaukelt hin und her. Hin und her, hin und her, das ist doch gar nicht schwer."

Klangrücken

Ihre Kollegin legt sich auf den Boden und darf die Schwingungen einer **Klangschale** spüren, die Sie ihr auf den Rücken legen. Jedes Kind darf nun mit Ihrer Hilfe ebenfalls den **Holzklöppel** an das Instrument schlagen und lauschen. Nach diesem ersten Kennenlernen des Instrumentes wollen sich vielleicht auch Kinder auf den Boden legen und die Klangschale am Rücken spüren oder sitzend erst einmal in der Handfläche.

Glöckchenclown

Nähen Sie an alle fünf Finger eines dünnen **Wollhandschuhs** kleine **Glöckchen**. Gestalten Sie die Oberseite des Handschuhs zu einem Clown-Gesicht, indem Sie einen Mund aus **rotem und weißem Filz** schneiden, eine **Pompon**-Nase ankleben und **Kulleraugen** mit **Heißkleber** befestigen. Nun können Sie Lieder und kleine Geschichten in lustiger Weise visuell begleiten.

Ausgangslage verstehen# Meine kleine Welt entdecken

... rund um Rücken und Bauch

 ### Soziale Förderung

- Streichelst du mich an Bauch und Rücken oder spielst dort für mich kleine Krabbelverse, dann bin ich dir sehr nah – ich genieße deine Nähe sehr.
- Du nimmst wahr, wenn mich manche Berührungen stören (zu kitzelig, zu fest) – dann wählst du besser ein anderes Spiel oder Material.
- Tierfiguren mag ich besonders gerne – ich genieße es, wenn sie über mich hinweggehen und du dabei singst oder einen lustigen Reim sprichst.

 ### Sprachliche Förderung

- Meinen Bauch und auch Brust und Bauchnabel finde ich sehr interessant – schön, wenn du mir etwas darüber erzählst.
- Das Wetter mit Regen, Donner, Blitz und Sonnenschein lässt sich gut auf meinem Rücken darstellen, aber auch ein Pizzabacken oder Tierbewegungen.
- Begleite das Spiel an meinem Rücken sprachlich:
  - wie der Regen auf die Haut tröpfelt
  - die Sonnenstrahlen über meinen Rücken streichen
  - der Teig ausgerollt wird
  - Streukäse auf den Teig (meinen Rücken) fällt
  - eine Maus über mich hinwegtippelt
  - eine Schlange sich entlangschlängelt u. v. m.

 ### Motorische und taktile Förderung

- Mein Bauch ist noch recht empfindlich und ich mag nicht jedes Spiel – nimm das wahr und wähle gegebenenfalls den Rücken.
- Berührungen an meinem Rücken genieße ich sehr – ich spüre dann, wie lang und breit er ist.
- „Huckepack" auf deinem Rücken zu liegen oder zu sitzen, macht mir Spaß – ich fühle mich geborgen und bin größer, wenn wir so spazieren gehen oder Pferdchen spielen.
- Unterschiedliche Materialien auf meiner Haut an Bauch und Rücken lassen mich unterschiedlich empfinden – deine Hand, zarter Stoff, spitze Stacheln eines Igelballs, eine Feder, Watte u. v. m.

 ### Visuelle Förderung

- Ich genieße Berührungen auf meinem Rücken, auch wenn ich sie nicht sehen kann – vollführe sie aber auch an meinem oder deinem Bauch, damit ich zuschauen kann.
- Schnappe dir meine liebsten Tierfiguren, die du dann auf meinem Rücken und Bauch entlanggehen lässt – vielleicht lautieren sie auch oder singen ein Lied für mich?
- Ich sehe gerne zu, wenn dein Zeigefinger Cremebilder auf meinen Bauch zeichnet – ich helfe beim Verreiben.

 ### Auditive Förderung

- Gesprochene Krabbelverse an meinem Bauch oder Rücken liebe ich sehr:
Wenn ein kleines Mäuschen erst langsam und leise und dann immer schneller und lauter an mir hochkrabbelt, platze ich fast vor Spannung und Freude.

© Verlag an der Ruhr | Miriam Kaykusuz | ISBN 978-3-8346-3827-4 | www.verlagruhr.de
Illustration © Christian Bender; Fotolia.com: Icon Mund, Hand, Auge, Ohr © Jimena; Icon Sozial © Puckung

Ri-Ra-Regentropfen

Die hier aufgeführten taktilen Spiele rund um das Thema Kopf und Gesicht bauen eine intensive Nähe zu einem einzelnen Kind auf und eignen sich wunderbar für einen zweisamen Moment am Wickeltisch, im Freispiel oder zu Beginn des Mittagsschlafes.

So geht's

Tippen Sie ganz sachte im Sprechrhythmus auf den jeweils erwähnten Körperteil. Fahren Sie in der letzten Strophe zaghaft mit der flachen Hand über das Gesicht des Kindes hinweg.

Lied „Ri-Ra-Regentropfen"

1. Ri-Ra - Re-gen-trop-fen, kli-kla - kli-kla-klo-pfen auf das Köpf-chen drauf, auf das Köpf-chen drauf.

2. Ri-Ra-Regentropfen
   kli-kla-kli-kla-klopfen
   auf die **Nase** drauf,
   auf die **Nase** drauf.

3. Ri-Ra-Regentropfen
   kli-kla-kli-kla-klopfen
   auf die **Wangen** drauf,
   auf die **Wangen** drauf.

4. Ri-Ra-Regentropfen
   kli-kla-kli-kla-klopfen
   auf die **Lippen** drauf,
   auf die **Lippen** drauf.

5. Ri-Ra-Regenschauer
   ist schon auf der Lauer,
   wäscht mir mein **Gesicht**,
   doch das stört mich nicht.

Text und Melodie: Miriam Kaykusuz

Regenbogenspiel

So geht's

Handspiel:

Streichen Sie bei der ersten Zeile stets erst mit der flachen Hand über eine Wange als Sonnenschein und tippen Sie auf der anderen Wange mit dem Zeigefinger die Regentropfen. In den letzten beiden Strophenzeilen streichen Sie stets als Symbol für den Regenbogen mit der flachen Hand vom einen Ohr über den Scheitel hinweg zum anderen Ohr.

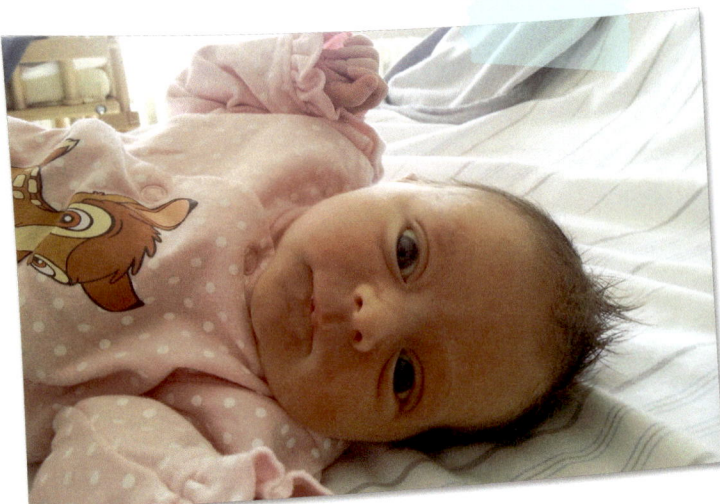

Spiel mit Schminkpinsel:

Statt mit den Händen können Sie dieses Spiel auch schön mit einem weichen Kosmetikpinsel an Wangen und Scheitel darstellen.

Tuchspiel:

Für diese besonders schöne Variante brauchen Sie Chiffontücher in allen Farben des Regenbogens. In den ersten beiden Zeilen können Sie entweder nur sprechen oder tippen und streichen wie in den Varianten oben. In den stets letzten beiden Zeilen ziehen Sie das Chiffontuch in der entsprechenden Farbe ganz leicht über das Gesicht des Kindes hinweg. Anschließend binden Sie die Tücher mit allen Farben zu einem wunderschönen Regenbogen zusammen.

1. Sonnenschein und Regentanz
   zeigen sich im schönsten Glanz.
   Seht, der bunte Regenbogen
   hat 'ne **rote** Bahn gezogen.

2. Sonnenschein und Regentanz
   zeigen sich im schönsten Glanz.
   Seht, der bunte Regenbogen
   hat 'ne **gelbe** Bahn gezogen.

3. Sonnenschein und Regentanz
   zeigen sich im schönsten Glanz.
   Seht, der bunte Regenbogen
   hat 'ne **grüne** Bahn gezogen.

4. Sonnenschein und Regentanz
   zeigen sich im schönsten Glanz.
   Seht, der bunte Regenbogen
   hat 'ne **blaue** Bahn gezogen.

5. Sonnenschein und Regentanz
   zeigen sich im schönsten Glanz.
   Seht, der bunte Regenbogen
   hat 'ne **lila** Bahn gezogen.

6. So ein schönes Farbenspiel
   jedem heute sehr gefiel.

Meine kleine Welt entdecken

... auf dem Kopf und im Gesicht

Soziale Förderung

- Deine Hand an meinem Gesicht zeigt mir, wie lieb du mich hast – ich spüre dich und beobachte umso interessierter dein Gesicht.
- Ich fühle mich bei dir geborgen, wenn du so körpernah mit mir spielst – ich lache viel und bin aufmerksam.
- Krabbelspiele sind nur für mich allein und du siehst mich fortwährend dabei an – das tut mir gut und zeigt mir, dass ich dir wichtig bin.

 ### Sprachliche Förderung

- Ich lerne mein Gesicht intensiv kennen, wenn du Details benennst und berührst.
- Die Kombination deines Sprechens und Anfassens meiner Körperteile im Gesicht unterstützt auch meine Merkfähigkeit und die Freude am Nachplappern.
- Auf Krabbelspiele in gereimter Weise reagiere ich mit Freude, Lachen und Glucksen.

 ### Motorische und taktile Förderung

- Berührungen an meinem Kopf und im Gesicht genieße ich sehr:
  - Ich spüre meine einzelnen Körperteile und an welcher Stelle sie sich befinden.
  - Ich spüre, wer ich bin, wo mein Körper endet und meine Umwelt anfängt.
  - Ich spüre deine Haut auf meiner Haut.
- Zeige mir eine kleine „Gesichts-Show", an der ich mich erfreue und vielleicht sogar schon nachahme – Nase rümpfen, Augen blinzeln, Lippen spitzen, Backen aufblasen.
- Dein Spiel in meinem Gesicht motiviert mich, mit meinen eigenen Fingern diese Details anzutippen.

 ### Visuelle Förderung

- Mit meinen Augen fixiere ich dein Gesicht und deine Hände – ich beobachte, was du tust.
- Die Details, die du in meinem Gesicht berührst und benennst, suche ich mit meinen Augen interessiert in deinem Gesicht – ein Spiegel würde mir vielleicht auch schon gut gefallen.

 ### Auditive Förderung

- Je öfter du einfache Krabbelverse für mich wiederholst, mit deiner Stimme spielst (mal spannend und mal lieblich sprechend) und dabei den Blickkontakt zu mir suchst, desto aufmerksamer höre ich zu und lerne viel von dir über mich.

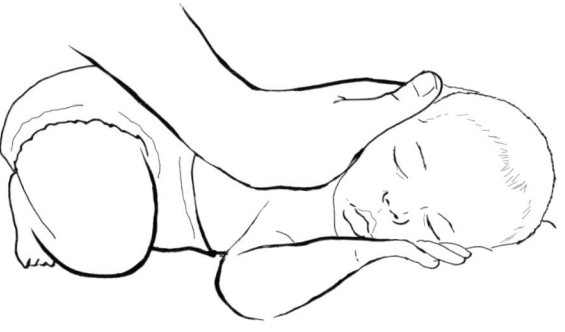

© Verlag an der Ruhr | Miriam Kaykusuz | ISBN 978-3-8346-3827-4 | www.verlagruhr.de
Illustration © Christian Bender; Fotolia.com: Icon *Mund, Hand, Auge, Ohr* © Jimena; Icon *Sozial* © Puckung

Entdeck mit mir die Welt!

Mein Körper ist ein guter Freund

Körperlied als Begrüßungsspiel „Wir wollen uns begrüßen"

So geht's

Sie sitzen in einem gemeinsamen Sitzkreis und Sie und Ihre Kollegin stellen die genannten Bewegungen mit Ihrem Körper dar. Die Kinder beobachten und imitieren möglicherweise. Ebenso können Sie einem Kind direkt gegenübersitzen und seine Körperteile vorsichtig mit bewegen. Ein Säugling liegt, weich gebettet, Ihnen gegenüber oder liegt in Ihrem Arm.

Liedtext „Wir wollen uns begrüßen"

Wir wol-len euch be - grü-ßen, das geht so. Ü-ber eu-er Kom - men sind wir froh.

1. Wir nicken mit den Köpfen,
   nick, nick, nick,
   und wir haben uns dabei im Blick.

2. Wir schnipsen mit den Fingern,
   schnipp, schnipp, schnapp,
   und wir machen dabei gar nicht schlapp.

3. Wir ziehen unsre Schultern auf und ab,
   hin bis zu den Ohren
   klapp, klapp, klapp.

4. Wir tippen mit den Fingern,
   tipp, tipp, tipp,
   das wird heute unser Fingerhit.

5. Wir streicheln uns sehr gerne,
   streich, streich, streich,
   alle hier genießen das sogleich.

6. Wir stampfen mit den Füßen,
   stampf, stampf, stampf,
   alle immer schneller mit viel Dampf.

7. Wir klatschen in die Hände,
   klatsch, klatsch, klatsch,
   heute machen wir mal alle Quatsch.

8. Wir kitzeln alle Kinder,
   ha, ha, ha,
   denn das Lachen ist so wunderbar.

Text und Melodie: Miriam Kaykusuz

Kindergruppe © Anja Boretzki

Ganzheitliche Körperspiele

So geht's

Der Igel auf Wurmsuche

Die Kinder sitzen bzw. liegen mit Ihnen und Ihrer Kollegin im gemeinsamen Kreis. Verwenden Sie einen oder mehrere **Igelbälle**, die Sie über die Kinder hinwegrollen. Im Hintergrund läuft eine **Instrumentalmusik** mit. Sie sollte entweder entspannend wirken und zum Träumen einladen oder mit langsamen und schnellen Passagen ein lustiges Ballspiel entstehen lassen. Die Kinder dürfen ebenfalls den Ball halten und an sich selbst oder Ihnen entlangrollen.

In der Mitte liegen mehrere **Chiffontücher in Grün und Orange** ineinander verschlungen. Darunter befinden sich zu Würmern gebogene **Pfeifenreiniger**, die der Igelball (oder mehrere) dann spielerisch anknabbern darf.

Raschelvögel machen Rast

Stellen Sie eine Vielzahl unterschiedlicher **Tastsäckchen** (gefüllt mit Dinkel, Sand oder Kirschkernen) bereit. Bedecken Sie einige mutige Kinder im Liegen oder Sitzen gemeinsam mit Ihrer Kollegin mit den Säckchen. Weitere Kinder dürfen hierbei gerne mithelfen.

Auch Säuglinge können hier teilnehmen, achten Sie jedoch genau auf deren Befindlichkeit. Alternativ kann für sie mit einem Säckchen geraschelt werden und es kann auf den Händen oder Beinen abgelegt und hin und her bewegt werden.

Je ein Säckchen kann an einem Gymnastikseil befestigt werden und ein Rennspiel findet statt (die Vögel flüchten vor der Katze).

Kleines Klingelmäuschen

Nehmen Sie und Ihre Kollegin je ein **Chiffontuch** und binden Sie an einen Tuchzipfel ein einzelnes kleines **Glöckchen** (alternativ ein Schellenband). Halten Sie das Tuch fest und lassen Sie das Glöckchen am Körper eines sitzenden oder liegenden Kindes entlangwandern oder tippen Sie einzelne Stellen an.

Das Spiel kann sich in Bewegung fortsetzen, indem das Kind versucht, das hochgehaltene Glöckchen mit den Händen zu schnappen, oder alle rennen mit Ihnen zu Ihrem schnellen **Tamburinspiel** durch den Raum und werden von Ihrer Kollegin mit dem schwingenden Glöckchentuch angetippt.

Flauschige Reise zum Schluss

Als entspannter Abschluss nach einer kleinen Bewegungsstunde oder vor der Ruhezeit können Sie Ihre Kinder mit einem **Wattebausch** als Wolke oder einem sogenannten „Wuschelball" am gesamten Körper und im Gesicht vorsichtig abstreifen oder verschiedene Körperstellen antippen. Im Hintergrund läuft eine angenehme **Entspannungsmusik** und eventuell zaubert ein **Schlummerlicht** ein schönes Farbenspiel in den Raum.

Soziale Förderung

- Liege ich auf dem Wickeltisch oder spielen wir abends noch miteinander, kannst du mich gerne mit verschiedenen Materialien berühren und dazu summen oder singen (Feder, Wattebausch, Wuschelball) – du verbringst intensiv Zeit mit mir und zeigst mir, dass du mich lieb hast.
- Ich lerne durch häufige Körperspiele meinen Körper und einzelne Körperteile kennen:
  - Ich untersuche meinen Körper noch interessierter und entwickele ein gutes Körpergefühl – ich traue mir viel zu.
  - Ich begebe mich mutig auf Erkundungstour und entferne mich in sicherer Entfernung von dir – ich weiß, du bist da.

 ## Sprachliche Förderung

- Ein wiederkehrendes Lied über meinen Körper gibt mir die Möglichkeit, immer wieder die gleichen Worte mit den immer dazugehörigen Bewegungen zu erleben und zu lernen (auch ohne zu sprechen).

 ## Motorische und taktile Förderung

- Verwendest du verschiedene Materialien, spüre ich meine Haut in unterschiedlicher Weise: mit einer Feder gestreichelt, mit dem Finger angetippt, mit dem Igelball abgerollt usw.
- Den Gegenstand, der meinen Körper berührt, untersuche ich gerne auch selbst mit meinen Händen, Fingern und dem Mund – ich spüre, ob die Dinge weich, hart, rund, eckig, groß oder klein sind.
- Je mehr ich meinen Körper in seiner Ganzheit spüre, desto besser entwickelt sich mein Körperbild – meine Bewegungen werden differenzierter und ich habe noch mehr Spaß an Bewegung.

 ## Visuelle Förderung

- Ich folge mit Blicken den Materialien und spiele anschließend gerne damit:
  - Puste eine Feder fort, damit ich sie schnappen kann.
  - Rolle einen Ball weg, sodass ich ihm hinterherkrabbeln oder -rennen kann.
  - Gib mir ein klingendes Tuch (am Zipfel wird ein Glöckchen angeknotet), damit ich es schütteln kann.
  - Wirf ein Sandsäckchen in die Luft, sodass ich es suchen muss.

 ## Auditive Förderung

- Zu meinem Körper gehören auch meine Ohren – Geräuschspiele mag ich gern:
  - Klopfe einen Igelball auf den Boden.
  - Schüttle ein klingendes Tuch neben meinem Ohr oder hinter deinem Rücken.
  - Kratze oder tippe sacht mit der Spitze einer Bastelfeder am Boden.
  - Raschele mit einem Sandsäckchen oder Dinkelkissen.

© Verlag an der Ruhr | Miriam Kaykusuz | ISBN 978-3-8346-3827-4 | www.verlagruhr.de
Illustration © Christian Bender; Fotolia.com: Icon *Mund, Hand, Auge, Ohr* © Jimena; Icon *Sozial* © Puckung